数字贸易研究与中国实践探索

范丽娜 赵 展 著

中国商务出版社
CHINA COMMERCE AND TRADE PRESS

图书在版编目（CIP）数据

数字贸易研究与中国实践探索 / 范丽娜，赵展著
. — 北京：中国商务出版社，2023.8
ISBN 978-7-5103-4688-0

Ⅰ.①数… Ⅱ.①范… ②赵… Ⅲ.①国际贸易—电子商务—研究—中国 Ⅳ.①F724.6

中国版本图书馆CIP数据核字（2023）第068480号

数字贸易研究与中国实践探索
SHUZI MAOYI YANJIU YU ZHONGGUO SHIJIAN TANSUO
范丽娜　赵展　著

出　　版：中国商务出版社
地　　址：北京市东城区安外东后巷28号　　邮　编：100710
责任部门：发展事业部（010-64218072）
责任编辑：孟宪鑫
直销客服：010-64515210
总 发 行：中国商务出版社发行部（010-64208388　64515150）
网购零售：中国商务出版社淘宝店（010-64286917）
网　　址：http://www.cctpress.com
网　　店：https://shop595663922.taobao.com
邮　　箱：295402859@qq.com
排　　版：北京宏进时代出版策划有限公司
印　　刷：廊坊市广阳区九洲印刷厂
开　　本：787毫米×1092毫米　1/16
印　　张：10.5　　　　　　　　　　　　　字　数：230千字
版　　次：2023年8月第1版　　　　　　　　印　次：2023年8月第1次印刷
书　　号：ISBN 978-7-5103-4688-0
定　　价：84.00元

凡所购本版图书如有印装质量问题，请与本社印制部联系（电话：010-64248236）
版权所有盗版必究（盗版侵权举报可发邮件到本社邮箱：cctp@cctpress.com）

前　言

随着互联网在全球范围内的普及、信息与通信技术在数字领域的不断发展和应用、全球数字化服务平台的快速成长及数字基础设施的不断完善，全球出现了计算机程序、文本、视频、图像、录音和其他经数字化编码并以电子方式传输为特征的数字产品。数字产品的范围随着技术进步而不断得到拓展，并通过跨境数据传输达成数字贸易。

数字贸易是21世纪出现的新的国际贸易形式，这种贸易形式既需要对以比较优势为基础的国际贸易理论进行重新解释，又需要对建立在比较优势理论基础上的贸易政策做进一步探讨。

数字贸易规则研究尚处于起步阶段，许多议题还需要深入研究。例如，数字贸易的定义和统计方式、数字贸易规则的基本原则以及对发展中国家的待遇、数字贸易规则与其他贸易规则的关系、数字贸易规则与国内规则的关系、涉及数字贸易的争端解决、跨境数据流动的安全例外和一般例外等，这些都需要理论工作者和政策制定者进行深入研究。相信本书的出版会进一步推动数字贸易理论的研究。

目录

第一章　数字贸易概述 ... 1
- 第一节　数字贸易的产生背景 ... 1
- 第二节　数字贸易的内涵 ... 15

第二章　数字贸易的发展概况 ... 35
- 第一节　数字贸易统计 ... 35
- 第二节　全球数字贸易的发展概况 ... 44
- 第三节　中国数字贸易的发展概况 ... 53

第三章　数字产品、数字贸易及对全球价值链的影响 ... 59
- 第一节　数字产品 ... 59
- 第二节　数字贸易 ... 62
- 第三节　数字产品对全球价值链的影响 ... 68
- 第四节　数字贸易发展的背景情况 ... 75
- 第五节　关于数字贸易的研究 ... 78
- 第六节　相关数字贸易研究评述 ... 84

第四章　数字贸易新规则研究 ... 85
- 第一节　数字贸易规则概述 ... 85
- 第二节　数字贸易规则的新内容 ... 89
- 第三节　数字贸易新规则对我国外贸发展的影响 ... 98
- 第四节　我国应对数字贸易新规则的对策 ... 105

第五章　中国数字贸易发展实践研究 ... 115

第一节　中国数字贸易的发展方式、路径及步骤 …………………… 115

第二节　中国数字贸易发展模式、应用场景及案例 …………………… 121

第三节　数字贸易发展提议 …………………………………………… 137

参考文献 ……………………………………………………………………… 160

第一章 数字贸易概述

王树彤，电商界一位与马云齐名的女商人，创办了 B2B 跨境电子商务网站——敦煌网。敦煌网一直致力于帮助中小企业以电子商务的形式进入全球采购系统。敦煌网采用的是佣金制，不但在双方买卖达成后收取一笔费用，而且在新会员注册的时候收取一笔入会费。成立初期，因为缺少美国消费者的信任，敦煌网将经销产品限定为电脑包等标准化的产品。同时，敦煌网通过与美国线上拍卖及购物网站 eBay 联合，拓展了其海外经营渠道。可见，敦煌网利用互联网，可以使全球采购商直接下单、直接收钱、直接将货运过去，从而完成线上的闭环交易。

那么，什么是数字贸易？本章将为读者展示数字贸易产生和发展的历程。

第一节 数字贸易的产生背景

互联网功能的不断扩展正在改变全球经济的走势，截至 2017 年底，全球约有一半的人口（约 38 亿人）是互联网用户，不断更新换代的终端设备及网络技术已经成为消费者和企业浏览网页的主要工具。在此背景下，数字贸易蓬勃发展，本节首先从技术背景、经济背景及市场背景三个方面讨论数字贸易产生的时代特征与现实意义。

一、数字贸易的技术背景

（一）"互联网+"模式的普及

21世纪初，我国处于高速发展的阶段，各行各业要想跟上时代的步伐，就必须了解并运用新的技术。从如今经济社会的发展来看，运用"互联网+"的理念开展创新改革是推动经济社会持续发展的必由之路。所谓"互联网+"，即采用互联网的思维，将互联网的先进技术与传统制造业的产品生产相结合，开发新的生产模式，从而达到改变商业模式的目的。互联网可以为企业创造价值，为行业提供平台。"互联网+"模式的兴起，不仅为传统的劳动密集型产业创造了新的商机，还为知识型产业提供了发展的沃土。我国加入世界贸易组织之后，现代科学信息技术有了长足的发展和进步，社会经济结构发生了一系列变化，由原先工业时代的传统经济逐步向现代知识经济迈进，而现代互联网和信息科技的普及和发展，加速了经济结构的转变，给各个国家和行业领域都带来了新的发展契机。因此，我国各级政府和行业要充分结合"互联网+"的产业发展思路和理念，有效促进我国装备制造行业的健康发展，提升我国装备制造行业在世界上的影响。

第一，5G技术的诞生与发展。5G技术作为信息通信工程的新型技术，将引领我国开启一个万物互联的信息数字化经济时代，对建设新一代制造工业强国和新一代网络通信强国、打造新一代智慧城市型、发展新一代数字服务型经济具有重要的战略意义。根据中国信息通信研究院（以下简称中国信通院）测算，到2025年5G将拉动中国数字经济增长15.2万亿元。一方面，5G的商用将推动数字经济产业化发展。据中国信通院预测，到2025年，中国5G网络建设投资总额将达1.2万亿元，从5G基础设施建设到设备终端的研发及相关服务，5G将开辟数字产业化的新蓝海。2019年上半年，运营商和通信设备制造企业纷纷推出5G终端上市计划。另一方面，5G将加速产业数字化的步伐。新一代信息技术让无人驾驶、远程医疗、智慧农业等变为现实，5G 与 AI、AR、大数据、区块链等技术结合，将为产业数字化助力。如今，5G 医疗急救车已经在自然灾害救援中投入使用，实现院前诊断、提前救治；5G 智能巡检机器人已经活跃在大型工厂的车间里，实现自动巡航、精准监测。预计到 2025 年，5G 将拉动其他产业增长 11.9 万亿元。

第二，智能终端的诞生。过去十年中，全球智能手机持有量急速上升，其通用连接性使得商品消费、信息获取和沟通的方式彻底得到改变。主要新兴市场中，智能手机的持有量呈指数级增长，且增长空间巨大。

世界一些国家拥有手机人口所占的比重，如表 1-1 所示。

表 1-1　世界一些国家拥有手机人口所占的比重　　　　单位%

国家	2013 年	2014 年	2015 年	2016 年
中国	37	58	66	78
巴西	15	41	46	50
印度	12	16	23	30
印度尼西亚	11	21	—	—
美国	56	72		

智能终端的应用十分广泛，例如，新一代可大批量生产的低成本卫星连接技术［近地轨道（LEO）卫星］可在全球范围内提供互联网传输。人工智能（AI）近年来也取得了重大进展，这一重要基础技术将推动自动驾驶汽车（AV）、智能工厂、机器人、自动化医疗诊断等创新产品发展，也将对整体经济产生重大影响。虚拟现实（VR）和增强现实（AR）技术可以在企业和社交/娱乐领域呈现出很高的实用性，更真实的远程会议实景将减少个体的旅途劳顿，员工可接受虚拟情境培训。自动驾驶汽车现处于测试阶段，但已应用于部分领域，如地形侦察、站点视察甚至电子商务的零售交付，未来自动驾驶可能改变居民的出行方式，人们的通勤将变得更加便利。面向消费者和企业的物联网（IoT）技术，即所有设备通过互联网相互通信的技术，使得设备可协同工作，提高效率。在消费领域，物联网可以连接任何东西，如冰箱发送变质农产品的数据以及交通信号灯连接到车辆等。据

美国咨询管理公司麦肯锡估计，到2025年，基于物联网的软件和服务可以带来高达11.1万亿美元的收益。

移动支付的发展一直处于上升趋势，应用程序（App）和各种平台，如中国的支付宝、美国的Venmo和肯尼亚的M-Pesa，在移动支付方面处于领先地位。区块链技术（一种分布式电子分类总账技术）的应用已有多项试验，除加密货币外，该技术还在航运等多个领域辅助无纸化办公，可以有效降低高达20%的成本。此外，3D打印技术可能彻底改变全球贸易前景，推动制造业外包、服务贸易比重上升。3D打印技术还可实现定制产品的现代化制造，可应用于航空、金融地产以及医疗器械等部门。

那么"互联网+"对国际贸易的作用有哪些呢？第一，"互联网+"模式可以有效减少交易成本的支出。利用互联网进行商品交易，所有的交易行为都通过互联网实现，既不用支付交易场所费用，也能减少物流环节，避免商品在运输过程中的额外损失。交易双方只需要支付必要的通信费与管理费，不需要支付额外的费用，便可以通过互联网进行商品交易，这也使得企业的运营成本大大降低。不仅如此，互联网中的共享资源，可以降低企业资料的存储与收集成本，从而提高交易的成功率。此外，无纸化的交易方式，提高了企业资金的周转率，降低了企业贷款的利息支出。第二，"互联网+"模式可以提升员工的工作效率。通过互联网平台进行的产业内贸易以及产业间贸易，可以不受时空的限制，并且减少了交易程序。通过互联网可以及时传输交易文本，减少了交易等待时间，从而提高了工作效率。第三，"互联网+"模式可以增强企业的核心竞争力。互联网技术的普及，使每一家企业都可以拥有自己的企业网站，可以向消费者或者潜在合作者展示自己的产品信息，包括价格、功能等，在一定程度上有利于提升自己的品牌形象，提升消费者的信任度。

（二）"互联网+"模式在国际贸易中的应用

一方面，"互联网+"模式给国际贸易的发展带来了机遇。首先，"互联网+"技术有利于企业采用创新营销方式开展电子贸易业务。从事国际贸易的企业，可以利用互联网技术实现网上交易，这种网上交易也称跨境电子商务。所谓跨境电子商务，是指通过互联网电商平台，完成产品的出售、交付、送达等流程的交易模式。跨境电子商务区别于传统贸易方式的最大特点，就是其不受时间、空间的限制，只要有网络，就可以完成交易。客户想要的商品即使远在另一个国家，也能通过电商平台在短时间内完成交易。其次，"互联网+"技术有利于构建完整的产业链，推动区域性产业园发展。区域性产业园的功能不仅是多样化的，而且是电子化的，即其不但要涵盖集装箱场站与保税仓库等传统功能，而且要包括跨境电子商务直购窗口等一体化功能。产业园将与国际贸易相关的报关及金融服务领域统一规划，利用互联网优势，实现园区内的产品出口一体化服务。此外，结合国家共建"一带一路"的倡议，尽快实现跨境电子商务在园区内交易的规模化与可持续化经营。通过产业园建设，加快搭建区域性的综合电子商务平台与进口集散中心，为综合一体化的跨境电子商务生态圈奠定良好基础。最后，"互联网+"模式有利于企业建立具有联盟经营性质的跨境贸易物流战略联盟体系。单个企业独立组建物流体系的难度较大，并且会大大增加企业的物流成本，但是，多家企业便可以在物流方面进行合作。例如，建立国内和国外两个仓储中心，任何一家企业接到了海外的订单，都可以将货物从国内的仓储中心运送到国外的基地，这样的物流体系能为企业降低物流成本。

另一方面，"互联网+"模式给国际贸易的发展带来了挑战。首先，"互联网+"技术加剧了全球的产业竞争。互联网使得各国的竞争加剧，因为相比本国市场来说，外来产品在价格上与多样性上更具优势。例如，中国的信息化刚刚起步，发达国家的信息化程度较高，正是这种信息化发展程度上的差异，导致了发达国家对电子商务领域的垄断，使其在电子商务领域利益分配中处于主导地位，这也使得发达国家在电子化国际贸易中更有话语权。反观中国，因为缺乏信息技术中的核心竞争力，提高了其参与国际贸易的门槛。如果要摆脱这一困境，就必须鼓励中国企业创新发展，掌握电子商务的国际贸易发展动态，提升外贸企业的核心竞争力。其次，"互联网+"模式的网络设备有待完善。我国的网络设备不仅缺少网络交易制度，还存在网络安全的隐患，这大大增加了跨境交易的成本。在跨境交易中，消费者的电话、地址等私人信息会形成数据库，但是这种由贸易公司建立起来的数据库可能会被不法分子截获，或者交易的内容被他人获取。全世界约有6万种计算机病毒，电子商务的全球连接性使病毒更容易在节点处攻击计算机，从而破坏电子商务活动的进行。最后，"互联网+"技术相关法律法规尚待完善。国际上现行法律都是建立在传统的国际贸易模式之上的，但是对电子商务这一新兴贸易方式，相关法律条文尚不够细化。

（三）"互联网+"模式与数字贸易

数字贸易中的许多创新是基于互联网的，互联网信息技术扩大了数字贸易范围，提高了贸易效率，增加了贸易收益，有效实现了数字贸易利益的最大化。

第一，贸易场地的延伸和运营方式的拓展。传统贸易需要经过多轮磋商与谈判，但是交易双方地区的分离性，使得这一过程通常采用电话与视频通信的方式。然而，无论采用哪种方式，都会存在一定程度上的信息缺失，从而造成交易时间的延长等意外。当"互联网+"时代来临，大部分的数字交易通过网络完成，一笔业务的完成甚至不需要交易双方面对面的交流与沟通，仅仅通过互联网就可以完成从商品的要约到收货确认的整个流程。这不仅减少了交易时间，还能够增强信息传递的准确性。跨境电子商务具有全球化的特点，能够实现全球产品的高效率交易，是自由贸易方式在全球的实践。从2011年起，跨境电子商务平稳增长，全球购的模式成为外贸新潮流，阿里巴巴旗下的外贸在线交易平台全球速卖通便是一个成功的案例，它集合了订单、支付与物流等交易流程，通过支付宝国际账户实现了电子商务的交易活动。中国目前已经成为世界上第一出口大国，而中国商品的出口基本上是通过跨境电子商务实现的，这归功于互联网在外贸中的应用。目前，世界各国的人们在自己国家就可以获得境外商品的信息，并购买相关商品，这在很大程度上提高了国际交易的达成率。近几年跨境交易平台陆续出现，从最开始的亚马逊到之后的全球购，都为卖家和买家提供了更为便捷的国际贸易渠道。

第二，资源分享和运作模式的革新。通过互联网的引入，买方如果想获得产品信息，不再需要通过纸质媒介接收信息。资源分享从单一传递变为信息公开，大大提升了信息传递的效率。卖方也不需要一对一地与买方进行交流，只需要将资源共享，并且注重消费者的个性化要求，便可将产品信息全面完整地展现给买方。这不仅降低了买方获取产品信息的成本，还使得信息传递更加及时。许多关于国际贸易的信息是可以共享的，这不仅有助于贸易公司了解市场行情，做出正确的判断，而且可以减少因信息缺失导致的不必要损失。信息的可得性推动了市场主体间的竞争，进而刺激行业整体服务质量的提高。外贸出口企业在"互联网+"的赋能下，靠先进的技术和周到的服务得到了真正的发展。

第三，信息获取与处理的便利性增强。卖家借助互联网可以尽快匹配自己的贸易伙伴，因为互联网解决了贸易伙伴选择中的信息不对称问题，交易双方能够同时获取市场最新动态，获得货物配置、物流等方面的准确消息，从而最大限度地实现信息同步更新。互联网可以帮助中小型企业便捷办理通关手续，从而节省企业的时间。互联网为企业提供报关报检与跨境电子商务等10多类服务，使企业可以快速通关。目前，多地已建立"贸速通出口综合服务平台"，不仅可以为企业的境外销售提供运输协助服务，还可以缩减报关流程。

第四，支付方式更加便利与多样化。汇付、托收和信用证是运用较为广泛的支付方式。随着互联网的应用，电子支付逐渐成为主流。电子支付更加方便、快捷，且降低了财务成本，但是由于电子交易环境的不完善，其安全性尚不如传统支付。对电子商务来说，交易的远程化使得电子支付利大于弊，因为它省去了烦琐的流程，并且支付、到账都很及时。越来越多的国际支付平台在市场上出现，如美国的 PayPal、欧洲的 Moneybookers 等。

第五，扩展了传统的贸易标的。互联网技术改变了商品的交易结构，更加注重交易中的知识产权。其中对服务行业的影响更加明显，如远程机器人开辟了服务贸易的新方式。互联网技术让定制产品与个性化产品成为可能。互联网技术的发展可以从根本上改变知识产权的地位，因为互联网技术降低了产品的制作与复制成本。书籍的交易不再是物理性的转移，而是通过知识产权交易获得阅读该书的权利，并且知识产权增强了国际贸易的多样性。值得一提的是，互联网技术可以强化拥有技能和资本的重要性。

第六，更加细化了国际分工。互联网技术的发展对全球价值链贸易有着深远的影响。一方面，互联网技术降低了通信、交通与物流成本；另一方面，互联网技术的发展减少了贸易链的中间环节。互联网技术的进步加速了全球价值链的升级，并且扩大了市场范围，使本国的消费市场更具潜力。

二、数字贸易的经济背景

（一）数字经济的产生

数字经济是信息革命的产物，并逐步成为全球经济的重要内容。截至2018年底，我国数字经济规模已达到31.3万亿元，占GDP的34.8%，数字经济领域提供的就业岗位为1.91亿个。第二届数字中国建设峰会发布的《数字中国建设发展报告（2018年）》透露出我国数字经济发展的强劲势头：2018年上半年，我国数字经济中的电子商务、网络视频等信息消费领域不断释放发展活力，工业互联网、远程医疗等产业的融合，拓宽了数字经济发展新空间，5G等新一代信息技术为数字经济的发展增添了新动力。据上海社会科学院统计，2019年我国数字经济增速仍保持在15%左右，增速是美国的两倍多。

第一，信息消费解放了数字经济的生产力。商务部统计数据显示，2019年上半年，我国网上零售额为4.82万亿元，同比增长17.8%。与此同时，电商巨头加速下沉，三四线城市及农村成为信息消费新蓝海，以拼多多为代表的聚焦下沉市场的电商平台在短期内逆袭增长。农村电商潜力不断释放，2019年第一季度，我国农村网络零售额达3 573亿元，同比增长

19.5%，高于全国增速。《2019中国网络视听发展研究报告》显示，网络视频已成为第二大互联网应用类型，其中，短视频成为网络视频消费新形态。2019年第一季度，我国短视频月活跃用户规模突破8亿。随着信息消费水平的不断提高，网络视频付费用户比例不断上升，会员付费成为视频行业主流的盈利模式，付费用户在总体网络视频用户中所占的比重过半。在信息消费规模不断扩大的同时，信息消费场景也在不断丰富。网络外卖平台的业务加速拓展，外卖服务从餐饮向专送等领域拓展，激发了用户潜在的消费需求。在线教育形态日益丰富，截至2019年3月底，我国在线教育活跃用户数量已经突破35 000万户。此外，可穿戴设备的消费需求被加速释放，在2019年第一季度全球可穿戴设备出货量排名中，小米和华为分居第二位与第三位。

第二，产业融合拓宽了数字经济发展新空间。信息技术与传统行业的碰撞融合，加快了各行业数字化转型的步伐。截至2019年7月，我国工业互联网App的数量已经超过7万个。随着工业互联网App的不断普及，工业企业转型升级的效果显著。2019年5月，《数字乡村发展战略纲要》印发，提出推动农业数字化转型。当前，大数据、人工智能等信息技术逐渐应用到农业种植和农产品加工等领域，无人驾驶插秧机、无人驾驶授粉机、无人驾驶喷雾机等出现在农田里。"数字农场""农业大脑"等App也在促进农业生产转型升级中大显身手。另外，服务业数字化建设也在不断加强。2019年上半年，基于5G技术的远程医疗在各地先后开展，加速了医疗数字化的进程；无人机、无人车、机器人等新技术大大提升了物流配送的效率，开启了智慧物流新市场。2019年7月，国务院常务会议提出，确定支持平台经济健康发展的措施，发展"互联网+服务业"。可以预见，服务业数字化转型的步伐将继续加快，为数字经济发展提供了更广阔的空间。

第三，要素组合创造数字经济发展新模式。与农业经济、工业经济一样，数字经济也需要生产要素的投入。但是与以往不同的是，这些要素是以数字化的形式呈现的。首先，数据成为经济增长的新要素。数据是"未来的新石油"，甚至被认为已经超过石油的价值而成为数字经济中的"通货数据"。

同资本一样，数据已成为数字时代的生产要素。数据正在驱动社会经济与科技研发等领域的创新发展。其次，以数字化为蓝本的基础设施建设成为社会发展的新基础。工业时代的"铁公机"（铁路、公路和机场）正在逐渐被云计算替代，而后者将以信息基础设施的形式构成社会发展的必要基础设施。值得一提的是，数字基础设施既包括以传递信息为蓝本的基础设施建设，又包括对物理基础设施的数字化改造。按用途来区分，数字基础设施可以分为混合型和专用型。前者是指交通系统等数字化的过程；后者是指宽带和无线网络等数字基础设施。最后，对数字技能的掌握成为对劳动者的新要求。在数字化时代，数字素养成为劳动者必备的技能。数字技能人才的短缺成为制约企业发展的瓶颈，具有高数字素养的人才成为企业追捧的对象。数字素养被视为劳动者从事生产的基本能力，所以，提高数字素养有利于社会进行数字化的生产。

（二）跨境电子商务的产生

跨境电子商务是指不同国籍的交易双方，以电子商务的形式进行商品交易的国际性商业活动。跨境电子商务所独有的数字支付和交易服务拓展了传统电子商务的应用范围。不可否认的是，跨境电子商务是基于网络发展起来的，具有全球性、无形性、匿名性、即时性、无纸化与快速演进的特点。值得一提的是，欧美等地区或国家依然是跨境消费热门目的地。

第一，全球跨境电子商务发展迅速。在欧洲国家中，排行第二的跨境在线消费热门目的地是德国，全球约10%的海淘者购买过德国的商品。美国是英国电子商务业务最大的消费市场。2017年，来自美国的海淘者从英国购买了价值约125亿英镑的商品，与2016年同期相比有所增长。全球投资数据反映了近期电子商务大幅增长的态势。2010—2015年，对电子商务平台（B2B和B2C）的投资集中在中国、美国和印度，三个国家投资的电子商务合计占全球投资总额的三分之二。在其他大型市场中，德国（28亿美元）和英国（12亿美元）也获得了大量的电子商务投资。

第二，B2B和B2C是跨境电子商务的主要形式。在线网络被广泛用于制作和接收订单与付款。对某些服务的交付可以在线进行，就商品而言，也可以通过物流网络进行处理。基于平台的跨境电子商务交易模型取决于五个关键要素：可以在线访问的消费者信息网站，包含有效搜索功能的电子商务平台，能够可靠地访问客户和市场的商业企业，可以用于验证和执行交易的财务/支付服务，可以将商品从卖方转移到客户的快递和物流服务提供商。随着企业和个人消费者越来越多地通过 B2B、B2C 和 C2C 模式完成交易，每个电子商务领域的交易量都在迅速增长。许多市场的消费者已经可以通过智能手机完成大部分产品搜索，因此他们会越来越多地使用移动技术来完成交易。在所有的电子商务类别中，越来越多的移动终端设备正在推动着行业发展。B2B 电子商务已经从相对昂贵且效率低下的商业模式，升级到由数字支付服务推动的基于云的现代化平台。同时，随着消费者越来越多地使用在线购物方式，B2C 电子商务正在改变着全球零售业的销售模式。企业和消费者都在更多地使用数字支付进行日常交易，从而在全球市场上实现了跨境电子商务的迅速发展。此外，数字支付使无银行账户的个体也可以参与电子商务，并有助于刺激发展中市场的经济增长。区块链和数字签名之类的技术正在促进世界范围内数字支付的广泛应用，从而促进了电子商务的进一步发展。另外，快递和物流服务也是跨境电子商务的相关行业，它们使电子商务的领域得以扩展，尤其是 B2C 和 C2C 电子商务，因为它们响应了电子商务中消费者对小包装交付日益增长的需求。虽然 B2B 电子商务的规模远远大于 B2C，但新技术尚未在此领域取得较多进展，许多公司继续使用较落后的技术。如使用电子数据进行交换，而不是 B2C 电子商务中使用的基于 Web 或基于云平台的技术。在数字支付服务领域，区块链技术的应用以及数字签名的引入取得了长足的发展。物流和快递公司提供的服务对跨境电子商务的顺利进行至关重要。

第三，从事跨境贸易的电子商务公司面临许多挑战。在某些方面，对 B2C 公司而言，这些挑战更为突出，因为该细分市场中的供应商主要是个人运营商或中小型企业（SME），它们可能没有能力处理与国际贸易有关的许多问题，包括外币支付、海关程序和跨境物流。尽管如此，基于平台的跨境贸易可以帮助中小型企业扩大其市场范围，并因其经济发展潜力而备受关注，通过平台进行基于网络的电子商务可以降低中小型企业出口的壁垒，从而帮助他们解决缺乏专用的信息和通信技术（ICT）基础设施以及对市场或国际贸易规则和流程了解不足的问题。一些世界上规模较大、发展速度较快的 B2B 和 B2C 电子商务公司，如亚马逊、阿里巴巴、eBay 和 EtSy 都在刺激着中小企业的跨境贸易增长。这些公司通过减少与卖方和消费者之间的相关成本，强化信息共享，促进了电子商务发展。这些公司及其他在线电子商务平台的出现，降低了各种规模的公司投资自己的电子商务硬件和软件的要求。随着电子商务降低了进入门槛，国际市场规模越来越大且更具竞争力，消费者将拥有更多的选择权。

三、数字贸易的市场背景

（一）数字贸易的制度背景

市场制度是影响贸易模式构建的重要因素。一方面，数字化会增加制度优势，因为法律制度的有效实施对数据隐私和知识产权的保护及监管都会起到重要的作用；另一方面，数字基础设施的建设离不开金融制度的支持。但是，数字化也有可能会稀释制度的作用，如区块链会降低对执行制度的需求。数字贸易因其特殊性，相关知识产权、数据流和隐私的监管政策会变得格外重要。

数字贸易的规则源于 WTO 组织对当前数字贸易规则的缺失。其中包括尚未达成的电子传输关税协议、尚未对电子数字产品贸易形态定性、尚未明晰数字贸易服务模式及分类等。究其原因，一方面是电子商务本身的贸易规则与 WTO 现有规则有冲突，另一方面是发达国家与发展中国家对待数字贸易的立场不一。毫无疑问，WTO 规则下的数字贸易规则缺失对全球数字贸易发展是十分不利的，这也促使各国开始积极寻求 WTO 规则外的数字贸易规则。从当前情况来看，开展数字贸易的国家和地区都在通过双边或多边谈判制定数字贸易相关规则。基于发展中国家与发达国家分歧较大的情况，发展中国家不愿意像农业谈判那样做出让步，而发达国家也有意绕开WTO规则约束，因此在WTO规则下的数字贸易规则的制定很有可能直接宣告流产。这种带有全球性、普惠性特性的数字贸易规则缺失，将会是全球数字贸易发展面临的较大挑战。

《跨太平洋伙伴关系协定》（TPP）数字贸易规则是过去十多年来全球数字贸易大发展和贸易规则不断完善的一个缩影，其对数字贸易的定义逐渐得到各国的认可。TPP制定的数字贸易规则提出了数字产品和贸易自由与开放的核心理念，具体内容包括对数字贸易持鼓励态度、加强对消费者的隐私保护、加强对数字贸易及数据领域保护主义的限制以及对开放互联网的支持等。总体来说，TPP有关数字贸易的规则是目前最为齐全和规范的，内容与措施都比较具体。但另一方面，虽然美国政府已宣布退出TPP，但是其规则依然表现出较为明显的美国特色，如对数字贸易自由的支持，明显具有贸易权大于主权的倾向，这样的规则不仅让中国难以接受，欧盟的一些国家也对其提出了异议。

（二）数字贸易的环境背景

数字贸易的环境背景是指孕育数字贸易的城市环境与公共服务设施。得益于新兴经济体的持续城市化及城市化在就业、服务获取和更多创新方面创造的机遇，城市经济将在未来十年内占据全球经济增长的80%以上。但城市也面临许多挑战，如拥堵、污染和住房短缺等。技术进步虽有助于城市应对这些挑战，但许多国家政府资金紧张且难以获取资金，故其大力推动公共私营合作制（public-private partnership，PPP）发展，同时绿色债券市场也将发挥作用。例如，自动驾驶汽车可能改变人们在城市中移动的方式及城市的布局。英国威尔芙集团（WEF）的交通仿真模型表明，共享的自动驾驶汽车能够减少道路交通流量，将居民直接带到工作地点而防止堵车。但要实现这一场景可能需要耗时多年，在此期间，若市中心以自动驾驶汽车取代公共交通工具，拥堵情况可能会变得更糟。城市的大部分废气排放来自交通和建筑物，新技术的应用将有助于减少废气排放，从而改善城市空气质量，如制定更好更快的公共交通方案，或开发清洁能源等，这些举措在全球污染较严重的城市可能较为有效。另外，全球许多城市也在努力解决住房短缺问题。3D打印技术可以在削减建造房屋所需的成本和时间方面发挥重要作用。例如，美国ICON公司现在可以在24小时内"打印"房屋，其建筑总成本将降至4 000美元。这意味着ICON公司可与非营利组织一起建立整体社区，为那些没有住房的人提供住房。据相关部门预计，再过十年，人们的住房建设成本可能下降40%。许多政府的工作机制已经成熟，可以实现自动化管理。如果通过技术的开发和传感器的使用，可以使简单的服务（如垃圾收集或废物管理）更有效率，政府将能够在相同的支出水平上实现更多目标。这将推动政府结构精简，财政可转向医疗保健或教育等工作的开展。另外，自动化还可以在推动财务整合、加强政府债务存量管理方面发挥关键作用。

当前，通货膨胀（以下简称通胀）的驱动因素正在发生变化，通胀的主要影响因素不再是需求因素，而是转变为供给侧因素。商品通胀率占总体消费者物价指数（CPI）的40%~60%，随着技术带来的供给侧结构性改革进而压低核心商品的通胀率至近于零，要维持近2%的总体CPI，服务业通胀率需达到4%。服务业通胀率主要受工资影响，技能要求对就业的威胁可能意味着一些低技能和中等技能工种的工人工资增长率下降，但某些行业和工种的工人生产力可能会得到提高，因此可能会出现更广泛的收入不平等。技术发展意味着工资增长率持续上升似乎不太可能。因此，需要调整对通胀的考量方式。

自动化技术的发展影响着中低技术工种劳动力的议价能力，而工人技能无法与工作相匹配意味着潜在生产率提高并未带来其工资的增长。同时，工资增长在各部门间的分化情况更加严重，那些生产率提高不足的部门员工的工资增长往往最快。另外，技术对生产率的影响也是影响劳动力市场的一个重要方面，一些核心行业中人工智能等技术的应用，使工人远离琐碎工作而专注于更高价值的工作。此时，劳动生产率将提高，员工的工资也将相应增长。如在医药行业，人工智能技术正被用于改善诊断状况，因其可以获得更多的患者数据。使用人工智能可将医生解放出来，免于其因疲劳、注意力分散或沟通不清楚而造成的错误率，让医生去完成机器无法完成的其他重要工作，继而做出治疗决定并就方案与患者进行沟通。教育部门可从自动化中受益匪浅，让教师专注其工作中的人文因素。一些律师事务所通过使用大数据和深度学习来提高工作的准确性。但全球生产率增长仍然低迷，2012年以来主要发达经济体生产率的增长低于1%，充分利用新技术确实可以更显著地推动生产率的提高。技术发展产生一定的经济影响是需要时间的。现相关部门研究发现，当前新技术的应用受到了员工技能不匹配的限制，员工需要接受一定程度的重新培训。由此可见，我们正处在一个可以充分利用新技术的有利时机，自动化在未来可以真正提高生产率水平。

第二节　数字贸易的内涵

一、数字贸易的定义

虽然全球已经逐渐进入了数字贸易时代，但截至目前各国仍然没有一个对"数字贸易"的统一定义。总体而言，不同的国家或国际组织对数字贸易的定义和范围均各不相同。一般的定义是将数字贸易定义为数字化产品的贸易，而更广泛的数字贸易定义是利用数字技术进行的商业活动。其中，数字技术是指借助互联网、智能手机以及其他用数字方式处理信息工具的有机组合。一方面，数字技术促进了区块链技术的运用，推动了交易便利化；另一方面，数字技术通过改变数据处理方式，促进了贸易新形态的产生。

值得一提的是，国际组织也不尽然都在使用"数字贸易"这一新词汇，取而代之的是"电子商务"这一概念，下面列举了一些组织或国家对数字贸易的定义。

（一）国际组织的定义

（1）世界贸易组织（WTO）

WTO 没有采用"数字贸易"这种表述，而是采用"电子商务"这个概念，并将其定义为"通过电子方式生产与销售或交付货物和服务"。这一定义早在 1998 年 WTO 第二次部长会议设立的"电子商务工作计划"中就被提出了，但在随后近 20 年时间里该议题未得到充分重视。目前，WTO 中的各类文件都开始使用"数字贸易"的概念。但是 WTO 对"数字贸易"的理解较为宽泛，只强调了其电子化的交付方式，约定跨境购买是数字贸易的主要方式，没有关注贸易的内容。

（2）联合国贸易和发展会议（UNCTAD）

UNCTAD 认为，数字贸易涉及搭配实物商品以及用数字方式提供的无形（数字）产品和服务。UNCTAD 的定义有以下两个方面的特点：第一，对使用技术的界定。世界银行和世界贸易组织虽然提及了数字贸易是"数字化的贸易"，但没有指出该数字化技术的具体表现形式，这使得 WTO 的定义在实际运用时缺乏明确的技术指导。UNCTAD 的定义明确了这种"数字化技术"实际上是对计算机技术的拓展运用，通过计算机的端口链接各个交易主体。第二，对贸易货品的界定。世界银行和世界贸易组织虽然认为数字贸易的标的物是传统货物与服务，但是其对"传统货物"的界定比较模糊。UNCTAD 明确了传统货物为实物货物与非实物货物，这使知识产权等无形资产也可以被纳入数字贸易的范畴。

（二）美国的定义

（1）美国国际贸易委员会（USITC）

2013 年，USITC 在《美国与全球经济中的数字贸易》第一次报告中指出，数字贸易是指能够采用在线支付的方式获得服务与产品的国内商务和国际贸易活动，包括音乐、书籍等数字化内容、社交媒体、搜索引擎与移动 App 等数字化服务产品。在《美国与全球经济中的数字贸易》第二次报告中，USITC 将数字贸易界定为"互联网以及基于互联网的技术在产品和服务的订购、生产或交付中扮演重要角色的国内和国际贸易",同时界定了美国的七大数字化密集型行业:内容行业、数字通信行业、金融和保险行业、制造业、零售交易、批发交易以及部分其他服务业。该报告的第二部分认为数字传输内容、通过云端传输数据服务也是数字贸易,并且将物联网和3D打印界定为数字贸易的形式。

（2）美国贸易代表办公室（USTR）

2017年，USTR发布的《数字贸易的主要障碍》报告认为"数字贸易"包括实现制造业升级所必需的平台以及通过互联网进行的商业活动。

（三）中国的定义

（1）中华人民共和国商务部（以下简称中国商务部）的定义

中国商务部认为，数字贸易是采用网络技术，通过数据交换实现电子交易的商业模式。数字贸易因其专业化程度高，客观上造成了不同人群、不同国家、不同地域发展的不平衡。同时又因为数字贸易实时的跨境交易特征，更容易涉及跨国安全问题，给国际合作、多边贸易体系带来了新问题。另外，知识产权保护也变得更为复杂，各国面临的贸易保护主义问题将更严重。

（2）中国部分学者的定义

夏杰长（2019）认为，数字贸易的核心技术是互联网，目的是提供数字化信息，标的是信息化产品。马述忠（2018）认为，数字贸易的载体是网络技术，贸易标的是数字化的产品与服务，目的是实现互联网的升级转型，最终实现智能制造的商业活动。相比前者，后者的定义更加具体、客观，能够较为全面地阐释数字贸易的理论内涵与范围。

从以上内容可以看出，美国对"数字贸易"的理解虽然较为全面，但是其在不同组织之间差异较大，并且没有建立数字贸易的统计体系。同时，美国对数字贸易的定义符合其国内对新贸易模式的探求，但这一定义并非适合所有国家。要对数字贸易进行定义，就必须明确数字产品的概念。基于交付方式的不同，我们可以将数字产品分为内容类、工具类和在线服务类，包括了计算机程序与数码产品以及可被编码的其他产品。美国与韩国签订的自贸区协定中将数字产品划分为两类：一是原产货物，即储存在载体中的数字产品；二是被有形产品所承载的经电子传输的数字产品。这里的有形产品使得数字产品可以被复制以及传达。但数字产品并不是金融产品，两者在交付时存在着显著的差异。

综上所述，数字贸易可以分为狭义的数字贸易与广义的数字贸易。狭义的数字贸易是指，采用电子信息技术与数据交换技术，为交易方提供数字化产品以及服务的新型贸易模式。广义的数字贸易是指，运用互联网技术使贸易标的在生产、销售、运输等过程中实现数字化的商业模式。相对狭义的定义而言，广义的定义扩大了数字贸易的范围。

二、数字贸易的范围

根据数字贸易的定义，数字贸易的范围包括传统的以货物贸易为标的的电子商务以及新型的以服务贸易为标的的电子商务。互联网提供的数字产品货物和电子商务服务是全球经济不断发展的源泉。此类产品和服务正在改变企业信息交互的方式。数字产品和服务是一对互补的数字生态系统，依靠并推动了互联网访问和启用终端智能设备的需求。拥有大量数字贸易的集团公司正扩大其在数字贸易中的业务。本书侧重介绍狭义的数字贸易，包括通信服务、娱乐服务、社交网络、信息搜索以及电子商务。

本书沿用 USITC 在《美国与全球经济中的数字贸易》第一次报告中对数字贸易的分类（见表 1-2），之所以不使用 USITC 在《美国与全球经济中的数字贸易》第二次报告中对数字贸易的分类，主要出于以下三点考虑：首先，第二次报告中对数字贸易标的范围的界定是对第一次报告的具体化，其实质性内容并没有发生根本性变化；其次，第二次报告中并没有专门针对搜索引擎的分类，但是该部分构成了数字贸易中的重要组成部分；最后，第二次报告为了使研究内容更加聚焦，排除了一些劳动密集型产业，在一定程度上缩小了数字贸易的范围。

表 1-2 数字贸易的分类

数字贸易的类别	数字贸易包含的产品与服务
跨境电子商务	媒介对消费者的购物模式（M2C）
	面向消费者的销售产品和服务商业零售模式（B2C）
	消费者对消费者的零售模式（C2C）
	供应商和消费者之间实现交易的平台（B2C）
数字传送的内容	音乐
	游戏（包括完整格式和手机游戏，社交网络游戏和在线多人游戏）
	视频（包括互联网电视、电影和其他视频）
	书籍（包括电子书籍、数字课程资料和有声书籍）
社交媒体	社交网站
	用户评论网站
搜索引擎	通用的搜索引擎
	专门的搜索引擎
其他数字产品和服务	软件服务，包括移动应用程序和通过互联网交付的软件
	通过云交付的数据服务，包括数据处理和数据存储
	通过互联网提供的通信服务，包括电子邮件，即时消息传递和互联网协议语音（VoIP）
	通过云交付的计算机平台服务

（一）以数字化交付的产品

以数字化形式交付的产品本质上是指传统内容商品的在线版本，包括通过互联网传送的音乐、游戏、电影、电视、广播和书籍等。向消费者提供此类内容商品的公司，既可以选择在互联网上实现线上销售，又可以改变其物理承载介质，实现线下销售。但是，只有在互联网上实现线上交易的部分属于数字贸易的范围。虽然越来越多的数字化产品通过互联网实现销售，但需要看到的是，数字化交付的产品在销售绩效以及市场占有率上与传统内容市场相比还存在显著的差异。全球数字内容的市场份额体现在以下几个方面。

（1）在线音乐

在线音乐是数字化交付产品中较为重要的一类数字化产业。与线下音乐不同，在线音乐虽然比较容易受到互联网技术变革的冲击，但是这依然不妨碍其成为数字贸易中交易额较大的数字化产品。以美国为例，美国音乐唱片行业的交易额在20世纪末虽有所下降，但依然维持在70亿美元左右。中国的在线音乐起步较晚，且明显分为两个时期：第一个时期为1990—2003年在线音乐刚刚兴起，用户可以免费下载并使用音乐文件；第二个时期为2005年以后，下载使用音乐需要付费，同时期中国在线音乐交易数量上升，相关产业的收入也不断增长。这种销售收入的变化，可能因为中国知识产权保护意识的加强，一方面，提高了在线音乐下载在技术上的壁垒；另一方面，在法律上也禁止相关"搭便车"的行为。随着我国知识产权法法律体系的完善，以数字化呈现的在线音乐产品不再享有点对点免费数据传输的便利，自此，大规模的音乐文件免费下载共享被视为侵犯作者版权的违法行为。

互联网技术的应用推动了在线音乐服务的产生，例如苹果公司开发的应用软件 iTunes，采用有偿服务的方式提供在线音乐的下载。在线音乐的收入主要来源于两个方面：一是下载；二是流媒体服务。其中下载音乐文件带来的收入是在线音乐平台的主要收入来源，占在线音乐平台收入的75%左右，而音乐流媒体服务的总收入约占25%。所谓音乐流媒体服务是指包括付费订阅服务（如亚洲音乐服务平台 Spotify）、非互动服务（如免费音乐账户 Pandora One）和非订阅服务（如视频社交平台 YouTube）在内的在线服务模式。值得一提的是，音乐流媒体服务正在逐步取代下载音乐文件，成为在线音乐平台的主要收入来源。例如，Pandora One 和 Spotify 是美国音乐流媒体市场的代表，他们共同开发了 iHeart Radio、Rhapsody、Rdio 和 Grooweshark 等服务项目。近些年，虽然许多音乐流媒体公司是初创型互联网公司，但不少大型科技公司（如苹果、亚马逊）也在开发自己的流媒体服务项目。此外，许多广播电台现在也可以提供在线广播以及实现其数据网上传输的功能。例如，美国著名媒体公司 Clear Channel 拥有840家美国国内广播电台，已经成为传统媒体公司成功实现在线交易的经典案例。

（2）电子游戏

基于互联网编程系统开发的电子竞技游戏也是数字贸易的重要组成部

分。传统的电子游戏有两种基本的体验方式：一方面，用户可以体验及下载免费的或者收费的在线游戏；另一方面，用户也可以在线下实体店购买游戏软件以安装相应的游戏。数字化交付方式的引入，使得用户可以直接在互联网上体验网页版游戏，如社交网络游戏。移动终端的引入，使得用户可以在手机或者平板电脑等便携式互联网连接设备上体验游戏，以及与同一局域网端的个体实现在线互动游戏，与其他用户对战是电子游戏体验的核心功能。近些年，电子游戏产业的发展呈现出良好的势头。

通过移动终端订阅、下载游戏全部内容，包括独立 DLC 在内的游戏体验方式占整个在线社交游戏体验量的 40%，并且每年以 20% 的速度增长。首先使用这种体验模式的是在线社交游戏是休闲类游戏，包括谜题解答、棋盘游戏、化妆游戏以及纸牌游戏；其次是角色扮演、即时战略以及体育类游戏；最不受欢迎的是迷宫类游戏。互联网游戏的多样性大大扩大了消费者对游戏内容的选择范围，消费者可以通过多种渠道下载游戏。这些渠道包括分布式网络、游戏开发网络以及控制台网络，这些下载渠道也使得消费者可以通过移动终端的应用商店和运营商服务体验不同的游戏内容。

就休闲游戏而言，其特点是控制简单，受众群体较为广泛，游戏的体验性较好，游戏不收取费用，仅有微盈利的商业模式（通常通过游戏中购买额外的游戏功能，或通过访问其他游戏平台以获取收益）。这些游戏常常由较为专业的跨国软件出版商发布，如 Activision 和 Electronic Arts，但是也会由小型和初创软件开发商或游戏发行商提供。就角色扮演游戏而言，身临其境的代入感是其吸引广大用户的重要原因。相比大型游戏，其具有占用内存较小、下载方便的特点。角色扮演游戏在全球拥有数千名用户，如魔兽争霸，虽然游戏本身可以免费下载，但是如果要在线使用，用户就需要额外支付一笔费用。此外，这类游戏还具有用户体验良好、及时交流便捷的特点。对在线游戏而言，一个重要的获利渠道是拥有独立的游戏开发团队，运用自己的服务器开发相应的游戏，这样可以使游戏开发商获利更多。

（3）视频

数字化的视频表现形式分为广播电视、有线电视、电影院等，视频的传播介质也较为多样。就视频的观看方式而言，消费者既可以观看广播电视频道上的电影，又可以通过购买使用 DVR 技术的 DVD 或租借的 DVD 录制视频内容，以便今后点播观看。因为视频内容、视频播放以及视频传播介质具有不可分割性，这使得每一个试图观看视频内容的用户需要部分有偿地使用上述功能。一方面，部分视频制作方可以提供有偿的视频服务；另一方面，视频播放平台可以通过广告收入来补偿其运营成本。但是无论采用哪一种方式，目的都是希望可以提高视频的收看率。

不可否认的是，互联网技术的运用推动了新形式的视频消费。与在线电影租赁网站 Netflix 和视频网站 Hulu 上的长版电视剧集和电影不同，短视频与传统的离线式视频观看方式形成竞争，而短视频在很大程度上是互联网独有的。基于互联网交付技术的新视频体验模式正在改变着家庭视频娱乐的方式。根据数字娱乐集团的数据，2012 年，在线播放的视频总量占美国家庭视频娱乐市场的 30%，其中包括传统的长版电影销售或家庭租赁影碟。2012 年，美国家庭视频娱乐销售总额小幅增长至 180 亿美元，虽然市场销售额比 2004 年的峰值下降了 20%，但是在线视频增长的收入抵消了部分购买实物视频软盘下降的金额。

（4）书籍

数字化交付的电子图书也是数字贸易的重要组成部分。对图书的商业出版而言，因为图书的出版行业在线交付的速度比其他内容性行业要慢，所以印刷出来的纸质版图书依旧是图书市场的主力军。就美国而言，2012 年的电子书下载收入约为 30.4 亿美元，高于其他形式的数字化交付产品。值得一提的是，2002 年之前对数字化图书的贸易量统计并没有纳入主流的统计指标核算体系，即基于数字化内容的图书出版贸易收入微不足道，这一数值到 2006 年也是占图书出版行业收入的不到 1%。然而在 2012 年，电子书的收入就已经占图书出版行业收入的 20%，比上年增长了 44%。

美国整个商业图书出版行业，包括电子书和实物图书的出版消费在近些年呈现出增长的态势。当然，这种增长主要归因于电子书增长的收入，抵消了大众市场中平装书销售下降的金额。电子书比大众市场平装书更具有优势，因为它们在首次推出电子版本时就以精装版的形式展现给大众，即图书可以在首次推出时就获得相应的精装电子版本，而平装书的精装版则会在后期发布。80%的美国出版商出版图书的电子书，并且超过三分之一的出版商的电子书收入占其出版图书年收入的10%以上，对大型出版商来说，这个数字可能更高。

电子书市场中一个独特的现象就是，整个市场处于高度垄断状态。例如，亚马逊、苹果两家公司通过建立多种分销渠道的模式，将其他竞争者挤出市场。亚马逊的收入中有近68%的比重来自电子书销售，并且占据了美国65%的电子书销售市场。其次是苹果公司，占据了美国电子书销售市场的25%。值得一提的是，亚马逊的电子书采用与其电子阅读器 Kindle 捆绑销售的模式，使得 Kindle 的销售量也以每年10%的速度增长，这也与其纸质版平装书每年5%的增长速度形成鲜明的对比。

（二）社交媒体

本部分阐述了两种社交媒体：社交网站以及用户评论网站。社交媒体与数字化交付产品之间并非泾渭分明。例如，很多大型游戏具有自己独立的社交组件，即允许用户创建在线身份，并通过文本聊天或者麦克风实现现场直播。在线报纸允许用户对文章进行实时评价，或者组织交互式讨论并允许其将讨论的内容重新上传到社交网站上。另外，许多网站也提供用户评论区的链接。正如前文所述，社交媒体正在与数字化交付产品实现多角度融合，成为发现和共享视频、音乐以及联网游戏的场所。例如，美国社交媒体公司 Twitter 于近期推出的移动音乐应用程序，允许其用户播放 iTunes、Rdio 和 Spotify 等平台开发的音乐。

（1）社交网站

近期，社交网站越来越受到人们的关注，因为它从传统的社交功能转变为支持和诱发商业活动的功能。2012年，按照访客数量排名的美国五大社交网站分别是 Facebook、Blogger、Twitter、WordPress 和 LinkedIn。各个社交网站都有自己的特点，Facebook 偏向于休闲通信；LinkedIn 偏向于专业性通信；Blogger 和 WordPress 偏向于传统的博客网络；Twitter 偏向于微博网络。如今社交网络已经融入数百万用户的生活中，并且越来越多的用户是通过移动应用程序而不是电脑来访问社交网站。人们花在社交网站上的时间比其他类型的网站多，其中有五分之一的时间是用在电脑端口访问的社交网站，有三分之一的时间是用在移动设备访问的社交网站。社交网站允许用户彼此连接以共享信息，同时用户可以发布图片、文字、视频、实际位置等信息，并直接通过分享链接与其他用户联系。社交网站通过将网站上的文章、电影以及收听的音乐等链接到用户的社交网站配置文件中，使用户能够较为便捷地跟踪和分享他们的互联网体验。

  首先，社交网站通常以租售广告时间或者广告空间来获得收入。消费者在社交网站所花费的时间，为社交网站平台投放广告提供了较好的时间条件，并且社交网站平台所接触的受众群体范围大，有利于发现潜在的顾客群体。社交网站的广告收入占所有广告收入的份额较大，并且该收入大多来自零售行业的广告投入。其次，社交网站通过提供品牌服务向消费者收费。社交网站允许消费者在其平台上发布"喜欢"或者"关注"某一产品或者品牌的信息。这实质上为产品或者品牌提供了免费的口碑广告，而社交网站也会通过有偿订阅相关内容的方式向消费者收费。最后，社交网站会通过开发专业应用软件来向特定群体的消费者收费。

  社交网站被看作商业活动的营销工具，可以帮助企业宣传自己的产品与服务。一是促进了业务发展。企业可以在社交网站上购买或者租赁广告席位，开发新的客户或者维持老客户，发布相关产品与销售信息，以及通过与用户互动的方式获得市场认可。二是提供客户服务。企业的社交网站是客户服务的平台，客户可以通过网页版的交互式谈话方式，评论或者询问产品和服务的相关问题。三是提供内容传播服务。社交网站能提供诸如发布新闻、下载音乐和视频的服务，相关内容可以通过超链接的方式直接与原网页相联系。

（2）用户评论网站

用户评论网站作为社交媒体的重要表现形式，也是数字贸易的重要组成部分，其通过降低交易成本与信息成本的方式获益。用户评论网站汇总了用户生成的主要信息，使获取这些信息变得简单，用户可以便捷地通过这些信息评估各种商品和服务的价值。比较有名的美国用户评论网站有 Angie's List（家庭服务）、Trip Advisor（酒店）、Urbanspoon（餐厅）、G2 Crowd（软件平台）和 WebMD（医疗服务）。用户评论网站在许多线上零售网站中很常见，例如，亚马逊和 eBay 上的卖家就必须接受买方的评价，消费者也可以在零售商的官方网站上查看其他用户对相关商品的评价，较为著名的美国零售商有 Best Buy、Gap、Lowes、Macy's 和 Sears。

Yelp 是全球最大的用户评论网站之一，其可以为用户提供餐厅的相关信息以及评价，并且有专门的人员对用户所关注餐厅的各种服务进行专业的点评。截至 2013 年，全球有 1 亿用户在使用 Yelp。Trip Advisor 是美国另外一家比较有名的点评网站，作为上市公司，其注册资金仅为 200 万美元，却提供了 6000 万条评论，这些评论数量是 Yelp 的三倍。用户评论网站的盈利模式有些许不同。一般情况下，企业所有者可以通过付费的方式在用户评论网站的页面以超链接的形式链接与其业务相关联的页面，该页面包含了更详细的公司信息以及赞助商信息。Angie's List 的不寻常之处在于，消费者必须支付会员费才能使用该网站，而企业除非向会员提供折扣，否则不能在网站上做广告。在线评论网站数量的增加也推动了"声誉管理"行业的发展，公司或者企业通过支付一笔费用雇佣顾问来管理他们的在线声誉。美国的中小企业每年花费在声誉管理方面的费用约为 16 亿美元。其中一家做声誉管理的企业汇总了十家餐馆的所有评价，并在对评价进行审核后向有负面评价的餐厅老板发出警报。

（3）搜索引擎

互联网搜索引擎在数字贸易中有着重要的作用。一方面，搜索引擎可以引导用户访问相应的互联网内容；另一方面，搜索引擎可以在用户对互联网内容的需求中获益。搜索引擎的用户能够通过搜索相关内容（如网页、图像或其他数字文件）来浏览互联网，其所浏览的内容通常会根据复杂的算法被自动编入索引程序。一般而言，搜索引擎只是起到中介的作用，将用户与第三方提供的网络内容联系起来，而不是展示搜索引擎的内容或者决定哪些内容是可以被传播的。搜索引擎通常不是通过向用户收取服务费用获取收入，而是通过租赁在线广告获取收入。例如，Bing和雅虎都是基于拍卖机制的广告租赁模式，旨在为用户提供与查询相关的广告并以此获利。这种基于广告商收费但是对用户免费的运营模式，在观众流量非常大或者观众较为专业时，能为搜索引擎公司带来不菲的收益。虽然广告的收入相对来说较少，但是网络庞大的数据流量使得该商业模式依然有利可图。通用搜索引擎与专业（垂直）搜索引擎之间存在竞争，专业搜索引擎是指以特定主题为可搜索信息边界的搜索引擎。美国的专业搜索引擎包括Kayak（旅行搜索）、Monster.com（求职搜索）和WebMD（健康搜索）。

移动设备的发展正在改变现有的搜索趋势。用户不再是通过电脑终端访问互联网，而是越来越多地通过移动设备访问互联网。因此，他们会较多地使用应用程序访问互联网内容，而较少使用浏览器浏览网页。2012年，通用搜索引擎的搜索数量下降了3%，主要因为用户更多地使用移动搜索平台，并通过其他互联网站点转向更专业的特定主题搜索。当用户直接导航到专业搜索站点时，通用搜索引擎的搜索量就会下降。同时，通用搜索引擎也面临来自电子商务网站和社交网站的竞争，因为用户更需要个性化的网络内容推介。美国较为著名的搜索引擎是雅虎，占全球搜索引擎市场的5%（第三名），微软的Bing占3%（第五名）。中国的百度和俄罗斯的Yandex则分别排名第二和第四。

（三）其他数字化产品和服务

（1）通过云交付的软件服务

美国在软件产品和服务方面的投资占其软件产业总投资的32%，其中企业的IT投资占60%。美国软件产业的利润率常年保持在4.3%左右，美国的软件市场占G8（八国集团）国家市场的53%，其在软件产品的全球市场占有率约为38%。数字化技术的运用改变了以往软件公司的生产方式。传统的软件生产需要借助物理介质，如VCD和CD，而通过云交付的软件服务正在逐步强化软件存储与计算功能，使得软件公司在移动设备上运用软件服务成为可能。

美国软件服务的销售额年均增长17.9%，2012年达到144亿美元，2012—2016年，使用云交付的软件服务增长近五倍，其购买量占所有软件市场的25%。可以预见，通过云交付的软件数量将大大超过以传统方式交付的软件。美国依旧是世界上最大的云交付软件服务市场，其市场总额超过91亿美元，其次是欧洲（32亿美元）以及亚太地区（9.34亿美元）。近些年，亚太地区的云交付软件服务总额增长较快，这可能与其移动设备用户数量的增加有关。新兴经济体在云交付软件服务中所占的份额预计将在未来五年内增加一倍，其市场占有率将突破30%。

值得一提的是，对政府而言，软件服务技术具有成本低、收益快的特点，可以更有效率并且更透明地为公众提供服务。这类服务包括在线报税、更新驾驶执照与营业执照、提供安全信息等。对程序开发商而言，较高的软件服务采用率预示着相应移动设备应用程序的更新，越来越多的用户可以通过无线传输的方式享有这些软件服务。

（2）通过云交付的数据服务

数据服务涉及数据的处理与数据的储存。中小企业是使用云技术处理数据的重要客户，它们往往通过外包的方式，雇佣第三方帮助其处理和储存数据。中小企业受益于最新的IT技术，不需要自行建造大型数据存储的基础设施，如数据服务器以及数据存储系统，也不需要单独雇佣处理数据的IT技术专家。中小企业可以根据自身的需要购买相应的云服务，这使得那些存在资金限制的中小型企业，可以节约用于投资IT基础设施的相关成本。此外，云服务具有易于拓展的优点，这意味着中小型企业可以及时调整其所使用的云服务来实现存储数据的灵活化，减少购买IT硬件所带来的调整成本。

就数据处理而言，云计算技术使得数据中心操作更加灵活，功能更加强大，效率更高。现代意义上的数据中心始于二十世纪九十年代，通常是指公司内部的数据服务器库或者是主机托管设施。数据中心是提供数据托管服务的专用网络站点，是网络云服务技术与托管的组合。现实中将近六成的数据流量是经过云设施处理的，有不到三成的数据流量是由传统的企业内部数据中心设施所处理的。2016年，经过云设施处理的数据流量已经增长了近一倍，互联网链接设备所产生的大量数据以及云计算提供的数据处理服务，是诱发许多行业使用云工具处理数据的关键因素，而使用云服务计算数据通常被称为大数据分析。这一新兴的数据分析领域正在被众多的企事业单位以及金融机构等经济活动参与者所接受，并用来处理非常大的数据集。其中，社交媒体的交互式数据分析、销售终端的商业交易以及智能通话设备的即时通话与地理位置分享都是大数据分析的具体应用。

就数据存储而言，为了满足数据存储容量不断增加的需求，苹果、Dropbox、Evernote等公司都在为企业和消费者提供基于云技术的数据存储服务，使客户能够将不同的终端存储设备上的文件移动到云端，或者将这些资料在云端中集中，以便各个文件都可以作为单个的实体被用户使用。客户以较低的成本购买云服务的基础框架，并在此基础上使用电脑运行相应的镜像程序和调用数据。同时，使用云技术的数据存储程序可以保护公司的数据安全，也使得其调用数据更加简单。

（3）通过互联网提供的通信服务

这类服务包括电子邮件、即时消息以及互联网协议语音。企业通常会把通信服务外包给第三方，例如，企业并不是自行采购和管理自己的通信服务器，而是通过使用"虚拟服务器"（通过互联网访问的服务器）来提供电子邮件或者基于互联网的其他通信服务。就电子邮件而言，用户可以通过移动设备终端访问基于云技术的电子邮件，并且用户可以与电子邮件的服务器保持长期链接。消费者可以通过其手机终端以及平板电脑终端等互联网连接设备，免费享有作为一种商业服务的电子邮件，即用户可以通过任意一台连接互联网的电脑或设备访问其电子邮件。作为基于云的应用程序，当用户收到新电子邮件或者需要删除电子邮件信息时，所有互联网电子邮件用户的设备上都会出现相应的提示信息。就即时通信而言，其与电子邮件本质的不同在于参与交流双方对通信的同步感知性。即时通信应用显著的特点便是支持云功能，可以随时随地与对方交流，这也使得即时通信越来越受到用户的欢迎。移动技术的发展，使用户可以借助智能手机以及平板电脑等便携式设备享受即时通信服务。不仅如此，很多企业将即时通信用于商业交流中，如互联网协议语音，其是指由互联网提供的通信和多媒体。作为传统通信的替代方案，企业和政府越来越多地在工作场所使用互联网协议语音作为其主要的通信方式，这可能因为互联网协议语音方式相较传统的电话通信成本更低。即时通讯软件 Skype 最先推出了面向消费者的电视电话通信服务，对大众用户而言，Skype 可以免费提供即时语音和视频通话服务，而对企业用户而言，Skype 更多地提供面向业务拓展的收费项目。如今，针对企业的互联网协议语音服务已经演变为可以为企业提供通信的"一条龙"服务，即可以作为独立的单元，通过移动设备，同时处理语音邮件、电子邮件、Web 会议等所有的通信需求。美国社会保障管理局正在将其 63 000 名工作者的现场办公方式从传统电话转变为互联网协议语音。可见互联网协议语音服务已经成为一些发达国家主流的通信手段。

（4）通过云交付的计算机平台服务

将数据存储服务器以及即时通信服务器外包给第三方公司实现云交付，需要搭建一个可以彼此信赖的平台。该平台一方面可以保障服务器的正常运行以及数据存储、使用的安全，另一方面，数据的使用方需要通过平台创立相应的账户来链接服务器端口。同时计算机平台服务为数据的存储使用、应用程序的开发和管理提供了服务器运行的外部环境。一般情况下，用户需要使用云交付计算机平台服务供应商提供的网络、服务以及存储功能，以付费的方式在互联网上创建和运行相关程序。云交付的计算机平台服务可以辅助用户提高效率并节约成本，同时在不购买基础框架的情况下实现信息功能的现代化和应用拓展。对小企业来说，通过每小时支付一笔资源使用费用，就能够访问一些原本存在禁止准入的网站或者享有原本成本过高的服务，这也使得云交付计算机平台服务在中小企业中倍受欢迎。

许多企业采用了微软 Windows Azure 的云交付计算机平台服务的解决方案，因为其具有可拓展性和易用性。自 2012 年开始，云交付的计算机平台服务就以每年 30% 的速度增长，从 2012 年的 12 亿美元增长到 2016 年的 29 亿美元。

三、数字贸易的特征

（一）内在属性

（1）交易过程的虚拟化

数字贸易交易过程的虚拟化表现在三个方面：首先，交易介质的非实物性，表现在无论是生产过程还是交易过程中，都使用数字化知识与信息作为传输介质，实现无纸化以及交易承载物的非实物化，即介质要素的非实物化；其次，交易平台的非实物化，相对传统贸易的面对面交易，数字交易是在虚拟化的互联网平台上进行，该平台负责交易的运作以及保障交易的安全，即交易平台的非实物化；最后，交易方式的非实物化，不同于传统贸易中的纸币交易，数字贸易的交易通常使用电子支付的方式，即交易方式的非实物化。

（2）交易资源的集中化

其一，交易资源的组织化。在数字贸易中，交易资源通过交易平台形成集聚，降低了信息的搜集成本。互联网企业常常采用平台化的运行模式，其中以淘宝为典型。不仅如此，传统企业也会借助平台吸收外部资源，提高自己的创新能力。其二，交易资源的集约化。数字贸易的便利性，使得生产要素比较容易集聚，从而实现了要素的集约型技术进步，带动要素的集约型投入。同时互联网平台有效地减少了交易中的信息不对称现象，使得交易效率不断提升。

（3）交易个体的广泛化

其一，市场进入门槛降低。数字贸易使得传统贸易中的空间限制、准入门槛等不再成为阻碍贸易发生的因素。数字贸易可以转变贸易弱势群体的地位，使其广泛地参与贸易活动中，并且从中获利。其二，市场标准化程度降低。数字贸易拉近了消费者与生产者之间的距离，使得消费者个性化的需求得以在贸易中获得满足。单一标准的产品很难在市场中获利，而定制化的产品与服务可能是在新一轮数字贸易竞争中胜出的决定因素。另外，之前的长尾产品（原来不受重视的销量小但种类多的产品或服务）可能会成为数字贸易的重要标的。

（4）交易参与者的体系化

在传统贸易的背景下，只有生产者与消费者之间才需要订立合同。但是在数字贸易的背景下，因为中介方的加入，使得平台和交易双方都需要遵守一定的规章。在这一体系下，平台与交易双方之间的联系加强了，形成一个互利共赢的生态体系。例如，将资金链与产品链进行整合，为产品融资、生产与销售提供"一站式"服务，使得贸易能够融入电子商务数据服务合作体系。

（二）外部属性

（1）交易技术的前瞻化

数字贸易以信息通信技术、数字交换技术以及互联网技术作为技术支撑。大数据、云技术与移动互联网不但扩大了数字贸易的范围，而且降低了贸易的成本。技术的进步，使得数字贸易得以产生，也使得数字化的贸易变得更加便捷。例如，技术的演进拓展了传统贸易的采购方式，使得原先的面对面采购方式，逐渐被网上的企业采购所取代。原先需要手工操作的工序通过制造智能化实现了劳动力的解放。同时，技术的进步使得过往的交易数据得以保存，有利于企业依据过往的数据进行判断，大大降低了交易过程中的道德风险与逆向选择。随着数据基础设施的不断完善，数字服务商为数字贸易的产生提供了现实基础，无论是电子捕获还是形成传送数据的中心，技术的进步都使得消费者可以直接接触到这些数据，并通过一定的数据分析比较不同产品之间的差异。此外，个人终端与数据基础设施的对接也大大降低了商业资源的使用成本，因此扩大了贸易的范围。

（2）交易运用的普适化

其一，数字贸易可以运用到传统制造行业。制造行业的智能化是数字贸易带来的重要历史变革。制造行业的智能化不仅指如汽车行业、高端设备制造业等资本密集型行业从生产到销售的智能化，还包括如纺织行业等劳动密集型行业的智能化。在传统产业数字化转型的背景下，数字贸易不再仅仅是实现商品的交换，而更应该承担起智能制造的重任。数字的传递可以为产品的研发提供更多的外部智力支持，为产品的销售提供多样化的渠道，对生产工艺进行柔性化改造，最终实现全社会生产的智能化升级。其二，数字贸易拓展了供应链范围。今天的供应链是通过产品开发、制造、市场营销和分销，并最终落到客户手中的一系列离散的、孤立的步骤。数字化打通了这些"墙壁"，形成了一根链条，变成了一个完全集成的生态系统，使所有参与者，包括原材料和零部件供应商、供应品和成品的运输商以及最终的客户都得到满足。这个网络取决于一些关键技术，包括综合规划和执行系统、物流可视性、自主物流、智能采购和仓储、备件管理和高级分析等方面。结果将使公司能够预测供应链的中断现象，并及时做出方案，即通过对网络进行全面建模，创建"假设"情景，并随着条件变化实时调整供应链。

3. 数字贸易与传统贸易的比较

（1）相同之处

第一，需求本质相同。贸易的本质是货物交易，在古代自给自足的社会中，随着生产技术水平的提高，人们开始有了生产盈余，在满足了自身的生活需要后，人们会通过货货交换的方式满足其对另外一货品的需求，以达到分工的专业化和商品的多样化。即使在今天，贸易物物交换的本质仍然没有发生变化。对数字贸易而言，存在着数字化产品、数字化服务与数字化生产要素的时空转移，因而这并没有改变货物交换作为贸易活动的本质。

第二，理论基础相同。比较优势理论是贸易的理论基础。比较优势理论诠释了在"没有优势"的情况下，通过专业性分工，每个地区也能获利的经济现象。这一理论总结了贸易发生的动因，并将这一动因归结于各个地区的成本优势。因此，专业化的生产可以使得每个地区的社会福利水平提高，这也是数字贸易产生的动因。

第三，对资源的要求相同。一是促进资源流通。贸易通过价格机制，有效地配置了流动性的资源，并通过资源的流动平衡各个地区的供求关系。二是促进信息共享。确保信息在获取与传递的过程中不存在不对称的现象，进而实现信息的有效传播与利用，并保证了信息的即时性与准确性。三是推动产业发展。一方面，有利于产业的技术进步，使得交易群体较为便利地获取技术；另一方面，促进资源的合理利用。产业的发展需要高密度的资源，通过资源流动，产业可以及时获取外部知识，继而推动产业创新。

（2）不同之处

第一，产生背景不同。重商主义的发展以及工业革命的出现孕育了传统贸易。交通运输方式的改变以及新的生产方式的出现大大促进了劳动分工，正是在这种情况下，传统贸易得以产生。但是只有当信息技术普遍运用于我们的生活之中时，数字技术引导第四次工业革命，并带来生产方式的进一步变革以及生产资料的进一步丰富，才会产生数字贸易。

第二，经济影响不同。传统贸易促进了各国利用比较优势进行生产，同时利用规模效应与范围经济扩大生产规模，在一定程度上通过降低成本的方式推动了经济的发展。但是传统贸易容易产生价值链锁定效应，导致贸易主体地位的禁锢。数字贸易将改变目前的全球分工体系。一方面，数字贸易中的劳动分工会打破原有的价值体系，使得各地区在新的贸易浪潮下重新定位，从而再次构建全球范围的贸易结构；另一方面，数字贸易要求构建更有效率的政府治理体系与法律体系，从而对数字贸易这一新兴领域进行监管。值得一提的是，数字贸易还会改变原先的供应链模式，提升供应效率。

第三，交易过程不同。其一，交易周期不同。传统贸易受价格的影响较为强烈，本身抵御汇率风险的能力有限，因而经济波动对其影响更大。

但是数字贸易的不确定性被数字技术所吸收，使得原先的地理距离等空间限制不再成为制约贸易发生的重要因素。其二，行为主体不同。生产者与消费者构成了传统贸易的主要参与者，但是缺少面对面直接交易。数字贸易却融合了第三方交易平台，使得交易主体可以进行即时通话，保证了信息传递的有效性，并且数字贸易更加注重消费者的多样化需求。其三，交易标的不同。生产要素与实物商品是传统贸易的主要标的，而数字贸易不仅包含了数字化的传统贸易商品，还包含了通过互联网等数字化手段传输的数字产品与服务。其四，交易方式不同。传统贸易需要场所以及纸质凭证，而数字贸易实现了无纸化交易。传统贸易需要进行实物运输，如海运等，而数字贸易主要通过投递的方式寄送，部分跨境电子商务企业采取海外仓、保税仓模式，而数字产品与服务的贸易则采取数字化的递送方式。

第二章 数字贸易的发展概况

数字贸易是当今数字化时代国际贸易演变的主要趋势之一。数字贸易主要以现代信息网络为载体、以数字技术创新为驱动力、以互联网为媒介来实现产品和服务的跨国传输与贸易,这体现了互联网技术、知识经济与现代贸易的深度融合(陈超凡和刘浩,2018)。一方面,相比传统贸易,数字贸易在提高交易效率、降低交易成本等方面具有显著优势;另一方面,数字贸易正在重塑全球贸易和竞争格局,发达经济体正在领跑全球数字贸易,而发展中国家和新兴经济体在数字贸易方面的发展潜力巨大。可以说,数字贸易已成为当前推动全球经济持续增长的新动力和新引擎。然而,在现阶段,数字贸易统计体系和规则体系尚未确立,全球经济发达国家正在激烈争夺数字贸易国际规则的制定权。科学统计数字贸易相关数据以及分析经济发达国家数字贸易发展态势,对认识全球数字贸易的发展概况、把握数字化时代国际贸易的发展方向以及挖掘数字贸易的增长潜力,具有重要的现实意义。

第一节 数字贸易统计

数字贸易主要以数据资源的跨国交换为核心特征,所涉及的领域突破行业和地域的限制,其统计测度与传统贸易统计测度具有一定的交叉性,但又存在显著的差异性。至今,人们对数字贸易的科学统计仍处于不断探索和完善的阶段。

一、数字贸易统计的基本框架

国际经济合作与发展组织（Organization for Economic Cooperation and Development，OECD，2017）提供了数字贸易统计测度的基本框架（表2-1）。根据国际经济合作与发展组织的统计说明，数字贸易可以细分为三个维度：数字贸易的实质、数字贸易的产品和数字贸易的参与主体。数字贸易的实质主要界定数字贸易的范畴，即数字订购的跨国交易、平台促成的跨国交易或数字交付的跨国交易，这些均可称为数字贸易。数字贸易的产品主要说明数字贸易的产品类型，即不同于传统的产品贸易和服务贸易。此外，数字贸易还将信息或数据作为单独的交易产品，扩大了贸易统计测度的范围。数字贸易的参与主体为数字贸易的主要参与者，包括企业、消费者、政府、非营利组织等。

表2-1 数字贸易的三个维度及内容

维度	内容
数字贸易的实质	数字订购、平台促成、数字交付
数字贸易的产品	商品、服务、信息/数据
数字贸易的参与主体	企业、消费者、政府、服务家庭的非营利机构

（一）数字贸易的实质

科学合理地对数字贸易进行统计测度，首先需要明晰数字贸易的实质内容。根据OECD（2017）的研究分析，数字贸易主要包括数字订购的跨境交易、平台促成的跨境交易和数字交付的跨境交易。

第一，数字订购。数字订购是指可以纳入跨境电子商务范畴的商品贸易和服务贸易。具体而言，数字订购是指通过专门设计的网络（即在该网络上接单或下单）而跨境从事商品或服务交易。数字采购必须是通过网络、外联网或电子数据交换网完成的订单，不包括通过电话、传真或电子邮件完成的订单。然而，这些商品和服务的最终支付和配送可以不通过线上操作。也就是说，数字采购可以在企业、家庭或个人、政府和其他公共组织或私人组织之间进行。

第二，平台促成。跨境交易平台（如亚马逊、阿里巴巴）的快速发展加速了国际贸易的数字化进程。虽然并不是所有的数字贸易都使用跨境交易平台，但是跨境交易平台的广泛参与为数字贸易统计带来了诸多的挑战。例如，很难规范统计跨境交易平台的具体类型，很难准确界定潜在的交易应记为跨境贸易还是收入流。其中包括从国外在线平台购买的国内商品或服务，从国内在线中介平台购买的国外商品或服务，从国外在线中介平台购买的国外商品和服务，从国外拥有的国内在线平台购买的国内商品和服务。另外，即使能确定在线平台是国内的还是国外的，也很难明确跨境交易应记为总额（包括消费者之间提供的潜在服务的价值），还是净额（仅包括跨境平台服务费用）。

第三，数字交付。数字交付主要包含交付服务或商品的数据流以及交付可下载的产品（如软件、电子书、数据、数据库服务）。在商品贸易领域，数字贸易的概念通常指商品的数字化订购过程，如数字传输交易。在服务贸易领域，很大一部分数字传输交易可以通过电子订购过程完成，特别是完全电子化的产品或可下载的产品（如软件、电子书、数据库服务）。服务贸易可划分为"可以数字交付的"（如手机应用、游戏、音乐、咨询服务）和"不可以数字交付的"（如建筑、交通），尤其是向家庭交付的服务贸易，给数字贸易统计测度带来了严峻挑战，这一般会导致大多数国家的数字贸易数额被低估。另外，涉及家庭的交易需要以家庭调查数据作为支撑，但大部分国家并没有进行这方面的统计。

（二）数字贸易的产品

不同于传统的产品贸易和服务贸易，数字贸易还将信息或数据作为单独的交易产品，这扩大了贸易统计测度的商品类型及商品范围。

一方面，从数字贸易交易标的角度来看，数字贸易包括的产品类型十分广泛。根据马述忠等（2018）的研究梳理：2013年7月，USITC发布的《美国与全球经济中的数字贸易Ⅰ》对"数字贸易"的概念进行了界定，即通过互联网传输产品或服务的国内商务及国际贸易活动；数字贸易交易标的为：音乐、游戏、视频、书籍等数字内容，社交媒体、用户评论网站等数字媒介，搜索引擎，以及其他数字化的产品和服务。2014年8月，USITC在其发布的《美国与全球经济中的数字贸易Ⅱ》中对"数字贸易"的上述概念进行了修正，将"数字贸易"界定为，互联网和互联网技术在其订购、生产以及递送产品或服务中发挥关键作用的国内商务及国际贸易活动。另外，数字贸易的标的具体包括：使用数字技术订购的产品与服务（如电子商务平台上购买的实体货物），利用数字技术生产的产品与服务（如存储软件、音乐、电影的CD和DVD），基于数字技术递送的产品与服务。2017年，USTR所发布的《数字贸易的主要障碍》认为"数字贸易"应当是一个内涵广泛的概念，不仅包括个人消费品在互联网上的销售以及在线服务的提供，还包括实现全球生产链衔接的数据流、实现智能制造的服务以及其他相关平台和应用。

另一方面，从数字贸易产品提供者角度来看，互联网企业提供的数字产品及服务已经涵盖云计算、数字内容（如游戏、视频、数字音乐、电子出版物等）、数字搜索、社交媒体、电子商务、通信服务、数字技术等数字贸易的所有产品领域。例如，Google作为搜索引擎服务领域的巨头企业，自其创立伊始就逐步向搜索引擎服务之外的领域扩展，其通过视频网站YouTube提供数字视频服务，通过邮件平台Gmail提供电子通信服务，通过Google购物提供电子商务服务（陈超凡和刘浩，2018）。

(三) 数字贸易的参与主体

在传统贸易的框架中，国际贸易主要发生在企业和企业之间（B2B），而较少发生在企业和个人之间（B2C）。传统贸易的参与主体包括三类：出口方（生产企业、出口代理商）、进口方（进口代理商、零售商、最终消费者）以及连接出口方和进口方的其他中间组织。在传统贸易模式中，虽然最终消费者也会参与国际贸易，但是参与程度相对较低，消费者主要还是从进口商或零售商处购买国外的产品。

不同于传统贸易的框架，在数字贸易的框架中，大量的最终消费者会直接参与国际贸易，B2C模式的跨境电子商务业务迅速发展，而在消费者之间开展的跨境交易业务（C2C）也逐步兴起。一方面，数字贸易的B2C模式主要涉及不同国家的企业和最终消费者，企业绕过中间商而直接向消费者销售产品或服务，最终消费者是大量直接参与国际贸易的主体。互联网及科学技术的快速发展，使得个人消费者能够从国外供应商手中直接购买商品或服务（B2C），电子商务或在线销售显著降低了出口门槛，使小企业也能够较为便捷地向海外市场销售它们的产品或服务。另一方面，数字贸易的C2C模式主要是指不同国家的两个消费者（家庭）之间发生交易，如支持房屋租赁的网站爱彼迎（Airbnb）。随着信息通信技术的快速发展，数字贸易的C2C模式日益流行。由此可见，与传统贸易相比，数字贸易的参与主体更为庞杂、零碎，这为数字贸易的科学统计带来了巨大挑战（陈超凡和刘浩，2018）。

二、数字贸易统计的主要挑战

目前，数字贸易统计测度处于不断探索和完善的阶段，其中存在着许多挑战。由于数字贸易的兴起时间较短、发展速度较快、发展模式多样，现阶段各国对数字贸易的定义和统计尚未达成共识。根据OECD（2016）、IMF（2017）发布的研究报告，数据测度面临的挑战见表2-2所列。

表 2-2　数据测度面临的挑战及影响

测度问题	描述	案例	影响
低估	传统简化的统计方法不再适用	"最低免税额"制度意味着小额交易可能没有被记录	贸易统计值可能被低估
活动分类	数字贸易可以被归类为不同部门	拼车交易可以是交通服务或中介服务	产品和活动的分类界限模糊造成贸易统计困难
非金钱交易	没有金钱交易的活动	社交网络的潜在信息流动支撑起了其他经济活动	以数据为基础的广告服务或销售收入都应该记录在统计系统中，但是当消费者剩余出现时，就会出现统计困难
数字促成的交易的识别	数字服务信息的使用促成了贸易交易	中小企业利用数字媒介的出口额未知	识别通过使用数字工具促成销售的会计框架未建立

第一，数字贸易规模被低估的问题日益凸显。近些年，跨境 B2C 模式的贸易、数字促成的贸易额逐年增加，但是，在贸易统计时，通常假定这些交易的规模较小，一般不纳入统计范畴。同时，"最低免税额"制度也使得小额交易很难被有效记录。这种简化的统计方法已不能反映真实的数字贸易规模。另外，许多公司内部的数据流也可能并未被记录在常规的贸易统计中。

第二，数字贸易活动分类无明确标准，且不同种类服务提供者的分类在各个国家可能会有所不同，这导致出现了统计口径偏差问题。数字贸易可以被归类为不同的部门，但是这些不同部门的分类可能并没有统一标准，如拼车交易可以被划分为交通服务或者中介服务。当分类界限模糊时，如何准确统计由此产生的贸易额就面临很大困难。另外，由于不同种类服务提供者的分类在各个国家可能会有所不同，这会造成数字贸易统计在不同国家之间并无可比性。

第三，在数字贸易中，对非金钱的经济活动进行统计十分困难。许多互联网企业为消费者提供免费服务的活动，其主要通过广告模式来获得收益，或者通过向第三方售卖消费者信息的方式获取收入。虽然数据流并不能直接产生金钱交易，但数据流构成了收入的基础，这增加了数字贸易统计测度的难度。在理论上，所有以数据为基础的广告服务或销售收入都应该被记录在统计系统中，然而，当消费者剩余出现时，就出现了统计上的困难。例如，社交网络推特（Twitter）或搜索引擎谷歌（Google）为用户提供免费的相关服务，但是在这个过程中，用户需要提供自身的数据。Twitter 和 Google 与其用户之间并没有直接的金钱交易（以现存的国际标准来评判，其中不存在贸易），但是，Twitter 和 Google 可以依靠其用户的数据获得广告收入。虽然广告收入被统计在贸易数据中，但是数据流没有被统计到贸易数据中，这为科学合理地统计测度数字贸易带来了严峻挑战。

第四，数字促成的交易存在识别困难，这会造成数字贸易统计数据不精确。很难识别企业（尤其是中小企业）在多大程度上使用数字渠道来销售其产品和服务。传统的跨国公司和数字平台在实际操作层面也存在很多灰色地带，其记录服务收入或主要销售收入的能力取决于其如何交付服务给第三方或公司内部。另外，识别通过使用数字工具促成销售的会计框架并没有建立起来，导致这些数据难以被统计者所知晓，进而会造成统计数据和统计结果的不精确。

第五，数字贸易统计中，跨境数据流测度面临两个难题。一是如何将这些数据纳入总的会计框架中；二是国际上没有公认的数据价值评估和数据分类的方法。美国商务部给出了测度跨境数据流价值的建议，具体可归纳为：

①对服务部门的官方统计，要扩大覆盖面，提高质量；

②对与跨境数据流相关的概念建立起一个标准属性或标准定义，区分数字经济、数字密集型、数字促成的经济和信息与通信技术等名词的内涵；

③更好地理解公司如何利用跨境数据流，数据流能提供什么经济价值；

④开发更先进、更连续的宏观经济统计体系，以测度跨境数据流的价值和数字经济，如测度数据流和数字经济对 GDP 的贡献；

⑤继续和私营行业对接，以促进数据共享，将公共数据和私人数据连接，使之在法律上和逻辑上可行，同时要保护公司的隐私；

⑥继续与国际组织合作,确保跨境数据流和数字经济测度可以为世界各国所用。

三、数字贸易统计的现有做法

(一)国际组织开展的数字贸易统计的尝试

(1)在统计数字贸易之前,国际组织首先尝试统计与测度跨境电子商务交易。2016年,万国邮政联盟、联合国贸易与发展会议、经济合作与发展组织和世界贸易组织联合开展了一个合作项目,对跨境电子商务交易进行测度;联合国贸易和发展会议与信息和通信技术部门合作,希望找出ICT服务和ICT促成的服务之间的区别;世界海关组织通过商务合作小组,开始开发工具和系统来识别商品贸易中的电子商务交易。

(2)2017年,国际组织在数字贸易统计架构设计上取得突破性进展。2017年3月,经济合作与发展组织(OECD)发布研究报告《测度数字贸易:走向概念性架构》,并在该报告中指出,测度数字贸易首先需要建立一个概念架构。2017年10月,国际货币基金组织(International Monetary Fund,IMF)国际收支委员会发布研究报告《测度数字贸易:OECD/IMF调查结果》。

(3)国际组织在全球数字贸易规模统计上取得较大成果。2019年,欧洲国际政治经济中心发布了"全球数字贸易限制指数"(Digital Trade Restriction Index,DTRI)。该指数侧重于衡量各国关于数字贸易的限制政策和监管环境,相关结果显示,中国、俄罗斯、印度、巴西、越南等新兴经济体的限制指数是最高的。事实上,鉴于国家所处经济发展阶段的差异,发展中经济体关于数字贸易的监管往往会远高于发达经济体。对数字贸易这种新型贸易业态的发展而言,更为务实的是如何创造有利于数字贸易发展的综合环境(包括基础设施、商业环境等),在发展过程中促使政策制定当局意识到其在监管上存在的不足,并不断优化综合政策环境,这对发展中经济体而言尤其重要。

（二）中国国内学者开展的数字贸易统计的尝试

（1）国家统计局进行数字经济统计的尝试和探索。目前，传统生产及消费的方式发生了深刻的变化，新的经济统计监测体系亟待建立。2017年7月，国家统计局印发了《中国国民经济核算体系（2016）》，该核算体系已涉及关于数字经济统计的部分说明（张美慧，2017）。2018年11月，我国国家统计局研究人员徐清源等（2018）通过回顾数字经济的理论体系和测度方法的相关研究，对比评述了国际和国内12个数字经济相关指标体系的优缺点和参考价值，并给出了中国用对比法测度数字经济发展水平指标体系的构建思路：第一，强化数字经济测度和评估的理论研究，提出建立在坚实的统计理论基础之上、契合中国实际发展情境的测度框架；第二，建立跨部门、跨层级的数据调查、指数研究及评估工作机制，系统构建关键指标统计调查框架，保障一手数据、核心数据的长期采集；第三，创新性地探寻数据来源，加强具有国际可比性的指标体系构建。

（2）国内学者在全球数字贸易规模统计上取得较大的研究进展。2018年11月，上海社会科学院发布《全球数字贸易促进指数报告（2018）》。与欧洲国际政治经济中心（ECIPE）发布的"全球数字贸易限制指数（DTRD）"将重心集中于数字贸易的限制上相比，上海社会科学院发布的"数字贸易促进指数"则侧重于分析各经济体在发展数字贸易方面的基础水平、综合环境和发展潜力，主要测度全球主要经济体在市场准入、基础设施、法律政策环境和商业环境等四个层面的数字产品（服务和货物），以及在跨国界流动和到达最终目的地过程中的自由化程度和便利化程度（成本和效率）。该报告在数字贸易促进指数指标框架的基础上，结合国际组织发布的权威数据，采用标准统计分析方法，对全球74个主要经济体的数字贸易总指数和分项指数的得分和排名进行分析。首先，从数字贸易促进指数排名来看，芬兰、卢森堡和瑞士的得分位列全球前三。总体来看，发达国家数字贸易促进指数明显高于发展中国家；主要新兴经济体中，俄罗斯的表现相对较好，位列全球第39，随后为南非和中国，并列全球第51，印度表现相对较差，位列全球第64。其次，进一步采用聚类分析方法进行分析，结果表明：全球74个主要经济体中，有12个国家处于数字贸易发展的领先阶段，其中包括8个欧洲国家，1个大洋洲国家（新西兰），其余3个国家为美国、日本和韩国。

同时，也有 12 个国家处于数字贸易发展的成熟阶段，其中 10 个为欧洲国家，其余 2 个国家为澳大利亚和新加坡。处于数字贸易发展阶段的国家最多，共有 39 个国家，中国、俄罗斯、南非等新兴经济体也处于这个阶段。此外，有多个国家尚处于数字贸易发展的起步阶段，这些国家以非洲、美洲和南亚国家为主。

（3）国内其他学者对数字贸易发展的评估分析。浙江大学中国跨境电子商务研究院马述忠等（2019）在《中国和世界经济》（China & World Economy）期刊上发表论文"Policy analysis and development evaluation of digital trade：an international comparison"。该文通过构建数字贸易发展水平的评价指标体系，从发展环境、市场潜力两个方面对其他国家与中国各省份的数字贸易发展现状进行客观评估。该研究表明：第一，以美国、德国、英国为代表的发达国家是数字贸易的领跑者，同时中国数字贸易的综合发展水平也处于世界前列，这主要是源自中国数字贸易的巨大市场潜力，但是中国在数字贸易发展环境方面与发达国家相比存在一定差距；第二，从中国各个省份来看，中国数字贸易发展存在区域不平衡现象，表现为东部较强、西部较弱，南方较强、北方较弱的态势，东南沿海地区的数字贸易发展较为良好，中西部地区则发展较为滞后。

第二节　全球数字贸易的发展概况

一、美国数字贸易的发展概况

1. "数字贸易"概念的美国界定

早在二十世纪九十年代，美国就开始关注数字经济的发展，还发布了相应的制度文件，对刚刚萌芽的经济网络化进行分析与预测。1998 年，美国发布全新的《浮现中的数字经济》报告，对工业经济转向数字化经济进行了充分说明，当时在世界上引起了巨大的反响。1998 年 5 月，美国与

132个WTO成员方签订只针对电子传输产品的WTO免税决定，而之后的《信息技术协定》则对数字产品的关税进行了详细说明。

2013年7月，美国国际贸易委员会（USITC）在《美国与全球经济中的数字贸易》中正式界定"数字贸易"的概念，即通过互联网传输产品和服务的国内商务及国际贸易活动。具体包括四个方面的内容：数字化交付内容（如音乐、游戏），社交媒体（如社交网络、用户评价网站），搜索引擎，其他数字化产品和服务（如软件服务、在云端交付的数据服务）。可见，最初，USITC仅采用相对狭窄的"数字贸易"的概念，它排除了大部分的实体商品贸易，包括在线订购的商品和需要数字副本对应的实体商品（如电子书、软件、音乐、电影等，通过CD或DVD的方式售卖的商品。

2014年8月，USITC对"数字贸易"的概念进行了修订，将"数字贸易"定义为：互联网和互联网技术起关键作用的商业贸易活动，即只要在其订购、生产以及递送等一个或多个环节中互联网或互联网技术起到关键性的作用，即可将其视为数字贸易。在上述框架下，数字贸易的交易标的范围被大大拓宽，在其订购、生产等环节运用数字技术的产品也被纳入数字贸易的交易标的，而非仅仅包括数字化的产品与服务。具体包括：使用数字技术订购的产品与服务（如电子商务平台上购买的实体货物），利用数字技术生产的产品与服务（如存储软件、音乐），基于数字技术递送的产品与服务（即该机构发布的前一版定义中所包含的内容）。

2017年，美国贸易代表办公室（USTR）对"数字贸易"的概念做了进一步扩展。USTR指出，数字贸易不仅包括个人消费品在互联网上的销售和在线服务的提供，而且包括实现全球价值链的数据流、实现智能制造的服务以及其他的相关平台和应用。这一界定主要是基于经济社会中数字技术和传统产业融合发展的客观现实，即企业普遍地运用数字技术参与国际竞争与合作，更多的商业活动采取数字化的形式（蓝庆新和窦凯，2019）。USTR列举了许多事实，包括：已经有超过50亿台设备被物联网连接起来；冰箱、飞机甚至建筑物都在不断地生成数据并将其内容发送到国内外的处理中心；制造业产生的大量数据已被广泛应用于研发、生产、运营和服务等价值链的各个环节。由此可见，美国对"数字贸易"的内涵和外延的界定不断拓宽，使其现在的内涵更加广义化。

2. 美国数字贸易的发展方略

自 2013 年以来，美国数字经济发展的战略重点开始聚焦于数字贸易。2013 年，USITC 发布研究报告《美国和全球经济中的数字贸易 I》，正式提出"数字贸易"的概念，并指出美国数字贸易的未来发展方向；2014 年和 2018 年先后发布两份研究报告《数字经济与跨境贸易：数字化交付服务的价值》和《北美数字贸易》，有力地助推了美国数字贸易的发展，目前美国已成为全球数字贸易发展的引领者（蓝庆新和窦凯，2019）。

目前，美国拥有多家在全球数字经济领域长期占据主导和领先地位的数字公司，这为美国从国外带来了规模庞大的跨境数据流，使得美国在数字贸易规则的制定和推广上具有领先优势，而这也是美国数字贸易发展方略的实施效果（蓝庆新和窦凯，2019）。长期以来，在数字贸易发展方面，美国试图打造数字贸易国际规则的"美式模板"，并以与对方签署自由贸易协定的方式进行推广。根据蓝庆新和窦凯（2019）的研究，数字贸易国际规则的"美式模板"的重心是保持全球数字市场的开放，从而使得美国能够在全球数字贸易中获益。具体表现为：第一，在《美韩自由贸易协定》中，美国提出"美式模板 1.0"，首次明确跨境数据自由流动的原则；在美国已经退出的 TPP 谈判中，美国提出"美式模板 2.0"，强调要促进数字贸易、信息自由流动以及开放互联网。由于美国是全球互联网和数字技术最发达的国家，因此，美国所倡导的"数据自由流动"及互联网开放政策对美国经济具有极大的促进作用，有利于美国经济保持全球领导地位。第二，2018 年，美国提出"美式模板 3.0"，强调取消跨境数据收费和数据本土化限制，开放政府公共数据但禁止要求企业披露源代码和算法。由于美国数字技术极其发达，相关技术多数处于垄断地位，拥有诸多相关技术的知识产权，因此美国对数字知识产权的保护十分重视，要求禁止其他国家的政府获取源代码，防止源代码泄露，从而有效保护美国的企业和个人的知识产权。第三，从美国向 WTO 总理事会提交联合声明的新议案中可以明确看到，信息自由流动、保护机密信息及数字安全是美国一直贯彻的原则。此外，推动数字产品的公平待遇、促进互联网服务及贸易自由化等战略都是美国推进其数字贸易发展的有力手段，这有利于数字贸易为美国经济发展做出更大的贡献。

此外，美国与欧洲以及中国，在全球数字贸易发展方略上存在较大的分歧，这为全球数字贸易统一市场建设带来巨大的挑战。根据蓝庆新和窦凯（2019）的研究，美欧国家或地区均主张开放全球市场、推行跨境数据自由流动以及反对强制技术转让；而中国作为以跨境电子商务发展为主的新兴数字贸易大国，在数字贸易方略上侧重于跨境电子商务发展，主要强调在促进跨境电子商务发展的同时，注重对国家安全以及消费者权益的保护，加强在跨境数据流动方面的严格限制，并提出数据本土化的基本要求。

3.美国对数字贸易国际规则制定的相关行动

美国是网络信息技术的发源地、产业生态的主导者，数字贸易和数字经济日益成为美国经济增长的关键引擎。从网络基础设施来看，2017年底，美国与世界各国联网带宽合计为72.8 Tbps，占全球的四分之一。从产业发展来看，美国拥有苹果、英特尔、高通、英伟达、IBM、谷歌、亚马逊、微软、脸谱等一流软硬件巨头企业，这些企业共同定义和主导着全球网络信息产业的发展方向。由于支撑全球数字贸易发展的互联网和跨境数据流动具有明显的全球属性，为了巩固和扩大美国数字贸易发展的优势，近些年美国在全球范围内正在加大数字贸易国际规则的塑造力度（马骏和马源，2018）。基于马骏和马源（2018）的研究，美国相关行动主要包括：

第一，在战略目标上，明确国际谈判目标是保护开放、自由的互联网。USITC研究指出，其他国家对互联网采取管控措施很可能会阻碍美国数字贸易和数字经济发展，而取消国外数字贸易壁垒将会使美国实际GDP增长0.1%~0.3%，并在数字密集型产业领域新增40万个就业岗位（马骏和马源，2018）。

第二，在组织推动上，近些年，美国政府及其各个部门已经采取诸多措施来推动美国数字贸易的快速发展。首先，作为美国数字贸易的重要推动者，美国商务部先后发布了《数字经济与跨境贸易：数字化交付服务的价值》（2014年）和《北美数字贸易》（2018年）等报告。美国商务部将维护美国数字商业利益作为优先考虑的一项议题。为此，2016年，美国商务部国际贸易局牵头启动"数字专员"项目，向其他国家派驻数字贸易参赞。该计划首批包括巴西、中国、印度、日本、东盟和欧盟6个市场，2017年12月，该计划扩展到韩国、印度尼西亚、墨西哥、南非、德国和法国6个新的市场。其次，2016年7月，USTR成立数字贸易工作组（DTWG），以快速识别数字贸易壁垒、及时制定相应的政策和规则。从2016年开始，USTR将数字贸易的主要障碍作为《国家贸易评估报告》的重要内容。根据2018年的《国家贸易评估报告》，2018年美国数字贸易的主要障碍来自中国、欧盟、印度尼西亚、韩国、尼日利亚、俄罗斯、泰国、土耳其、越南9个国家和地区，共有15项障碍。再次，2017年，美国国际贸易委员会发布调查报告《全球数字贸易：市场机会和主要的国外贸易限制措施》，并指出，将在2018年和2019年调查美国企业与海外企业（B2B市场）和国外消费者（B2C市场）开展数字贸易所面临的壁垒（马骏和马源，2018）。此外，美国国会研究局2017年发布研究报告《数字贸易之于美国贸易政策》，全面分析美国数字贸易面临的各类问题；2018年6月，美国国会联合经济委员会还召开了"确保美国在数字贸易领域领导力"主题听证会（马骏和马源，2018）。

第三，在规则的设立与落实上，美国利用双边或多边机制推广其主导的数字贸易规则。首先，在WTO体系下，2019年1月，在美国的主导下，WTO的70个成员方共同发布《关于电子商务的联合声明》；2018年4月，美国向WTO总理事会提交了关于电子商务谈判的文件，提出数据自由流动、数字产品的公平待遇、保护机密信息、数字安全、促进互联网服务、竞争性电信市场和贸易便利化等七项议题。其次，在北美自贸区（NAFTA）的谈判中，美国的目标包括取消对跨境数据流动的限制、对服务器实行本地化要求、禁止披露源代码或算法等。此外，在G20、OECD等组织会议上，美国还倡议开放互联网、允许数据流动、加强知识产权保护、重视网络安全和消费者保护等（马骏和马源，2018）。

二、欧洲数字贸易的发展概况

在数字贸易发展方面，欧盟提出建立"单一数字市场"的发展目标，其定义为"无论其国籍或所在地，个人和企业可以在公平竞争的条件下自由访问或开展在线活动的区域"。同时，欧盟还明确强调，任何协定都不能影响"对个人数据传播和处理过程中的隐私保护，以及对个人记录和账户的机密性保护"。2018年5月，欧盟出台《通用数据保护条例》，这一条例被认为是"世界史上最严格的个人数据保护条例"。《通用数据保护条例》以欧盟法规的形式确定了个人数据保护原则和监管方式，并取代原有的欧盟《数据保护指令》，具有更强的法律效力（张茉楠和周念利，2019）。

2015年，作为欧洲主要国家之一的英国发布《数字经济战略（2015—2018）》，将数字经济发展纳入国家战略。2017年3月，英国发布《数字英国战略》，提出以下发展战略：基础设施连接，技术培训产业发展，不同产业融合，网络空间安全，数字政府和开放数据。具体目标包括：建立世界一流的数字连接基础设施，让每个英国人都能获得所需要的数字技能，让英国成为启动和发展数字经济的优秀场所，帮助每一个英国企业开展数字经济相关业务，营造安全的在线生活和工作网络空间，促进在英国经济中释放数据的力量。为了促进数字贸易发展，英国政府还从两个方面采取了务实的措施：第一，建立出口支持体系，即采用数字技术建立一个智能数据库，将其与中国的阿里巴巴网站和美国的亚马逊网站连接起来，大力推广在线销售；第二，优化海关服务，即根据数字技术的发展状况，建立更灵活高效的新海关报关系统，以取代旧的报关服务系统，使之适应贸易方式转变的需要（夏长杰，2018）。

虽然目前世界各国对数字贸易还未形成统一的认识，也很少有专门针对数字贸易发展的战略发布，但各国已经发布的数字战略中都已经关注数字技术对传统贸易发展与转型的重要影响。在世界主要经济体中，法国于2008年率先发布与数字经济相关的战略，随后日本、英国、澳大利亚等国家的数字经济战略规划相继出台，2015年以后出台数字战略的国家明显增多。

基于蓝庆新和窦凯（2019）的研究分析，纵观欧洲各国数字贸易的相关战略，其主要目标集中体现在以下几个方面：

第一，推动贸易与技术融合，转变传统贸易模式。欧盟在2015年6月发布的《数字化单一市场战略》提出，要通过发展数字技术为消费者和生产者进行数字货物与服务的交易提供更好的交易手段。该战略的重点开始向数字贸易聚焦，其目的主要是通过消除成员国之间的法律和监管障碍，实现数据和资源的自由流动，进而为个人和企业提供优质的数字产品和服务。2017年欧洲议会国际贸易委员会通过《数字贸易战略》，以期通过制定相关政策，保障跨境数据自由流动，进而促进欧盟数字贸易发展。

第二，加快规则与标准的制定，规范数字贸易活动。数字贸易的发展将对原有的贸易规则体系造成一定冲击，新的贸易业态也倒逼着国际贸易规制进行改变以适应新时代发展要求。欧盟所签署的数十个自由贸易协定，包括一系列有关数字贸易的章节（如"电信章""金融章""投资章""知识产权章"），形成了体现欧盟政治体制和文化价值观的数字贸易规则的"欧式模板"，其主要聚焦促进跨境数据流动、完善知识产权保护以及促进视听合作三大领域。例如，欧盟发布的《迈向数字贸易战略》提到，要完善线上销售减免税、退还未使用商品等方面的规定；英国发布的《数字经济战略2015—2018》指出，要加紧完善相关的规定以促进市场开放与自由贸易。

第三，注重隐私与产权保护，净化数字贸易环境。几乎所有国家的数字经济战略都提出，数字时代下保护消费者隐私与企业产权的重要性，强调要通过完善相关的法律法规来保护交易双方的权利。一方面，随着数字贸易的发展，消费者的线上消费活动为需求端大数据提供了广泛来源，与此同时，消费者也面临着隐私泄露的风险，因此，需要对如何使用消费数据，制定明确的规则；另一方面，数字时代下的信息流动更为快捷、隐秘和频繁，数字化的产品与服务（如电影、音乐等）更容易出现盗版侵权的情况，欧盟在数字贸易规则谈判上始终坚守"隐私保护"及"视听例外"两大准则。

第四,扩大双边与多边协作,共享数字贸易福利。在数字经济时代,双边与多边的沟通与协作仍然是各个国家从数字贸易中获利的重要因素。例如,《OECD 数字经济展望 2017》报告显示,世界上不少国家都参与了全球隐私执法网络、欧盟第 29 条协议工作组(Article 29 Working Party)、亚太经合组织跨境隐私执法安排等区域性组织,以加强隐私保护合作。

三、日本数字贸易的发展概况

在"数字贸易"的概念被明确提出之前,日本等发达国家乃至全球一般采用"电子商务"这一概念来进行相关表述(蓝庆新和窦凯,2019)。在电子商务发展初期,日本电子商务发展主要是模仿美国企业间电子商务市场的运营模式,并且主要由日本大型企业领头开展(代承霞,2017)。例如,日本汽车交易网络平台"JNX"就是模仿美国汽车交易网络平台 44ANXM 的运营模式,其服务的对象为某一行业中的众多卖家和买家。此外,松下电器、东芝等大型制造商率先开始利用互联网进行采购和分销,在互联网上收集潜在的供应商(卖方)并进行交涉(丁岚,2017)。

进入 21 世纪后,借助互联网技术,日本电子商务的发展开始向海外市场迅速扩张。日本经济产业省的《电子商务市场调查报告》所公布的 2014 年在中国、美国和日本三国间的跨境电子商务规模及流向显示:日本跨境电子商务的输入额为三国中最小,仅为 2 086 亿日元,约为中国的 1/6、美国的 1/4;而日本的输出额是三国中最大的,为 10 932 亿日元,约为中国的 3 倍、美国的 5 倍。其中的原因有两个方面:一是中国和美国的国内市场规模较大;二是日本商品较高的性价比以及日本电子商务企业积极进行海外市场扩张。例如,日本最大的电子商务企业乐天株式会社(Rakuten)十分注重国内外市场的不断开拓。一方面,乐天集团在日本国内建立在线平台"Rakuten Global Market"以向日本消费者提供海外商品;另一方面,乐天集团积极地向南美洲、北美洲、亚洲和欧洲的一些国家拓展其电商业务(丁岚,2017)。

随着数字经济时代的来临,日本十分重视数字经济的发展,相继出台涉及数字贸易发展的一系列战略。根据蓝庆新和窦凯(2018)的研究,这主要表现为:

一方面,加快数字经济战略部署,聚焦数字贸易快速发展。日本产业发展以科技创新为重点,注重在智能制造及数字化人才等领域推动数字经济和数字贸易发展。早在2001年和2009年,日本先后出台《e-Japan》战略及《i-Japan2015》战略,并提出,要强化信息化知识的普及教育,加大信息教育和数字技术设施的投入力度,为数字经济发展培养高端数字技术人才;自2013年起每年定期制定《科学技术创新综合战略》,重点推动数字技术创新发展;2018年日本经济产业省出台《通商白皮书》,呼吁政府要应对"数字贸易时代",并强调数字贸易是当下日本企业发展的良机。

另一方面,携手美欧国家和地区共同主导制定国际规则,力争引领全球数字贸易规则的制定。目前日本主要采用借势推广的策略和逐步引领的方针来向全球推广其数字贸易规则。首先,借助TPP(跨太平洋伙伴关系协定)之势谋取跨太平洋伙伴关系全面进步协议(CPTPP)的数字贸易主导权。美国退出TPP后,日本依靠自身的经济优势与其余11国较为顺利地签署了CPTPP协议,并保留TPP协议中日本关于数字贸易规则的诉求。其次,借欧盟"数据贸易圈"之势谋取数据保护的主导权。日本与欧盟签署日欧经济伙伴关系协定(EPA),日欧双方在电子商务领域做出了相应承诺,日本自此加入欧盟"数据贸易圈",从而力争在与"圈外"国家谈判时获取数字贸易规则制定的主动权。最后,借多边会议之势推广数字贸易规则理念。2019年1月,在达沃斯世界经济论坛上,日本政府呼吁,要促进跨境数据的自由流通;日本作为2019年G20峰会的主办国,拟通过讨论全球数据治理来推广其构建的基于信任的数据自由流通体制。

第三节　中国数字贸易的发展概况

一、中国数字贸易的总体规模

随着经济全球化和贸易往来的快速发展，跨境电子商务和数字贸易已然成为全球经济发展的主要趋势。现阶段，跨境电子商务的 B2C 模式和 C2C 模式发展迅速，消费者足不出户，即可实现"全球购"，购买到来自世界各地的各种类型优质产品。目前，我国跨境电子商务平台众多，市场竞争日趋激烈。从目前跨境电子商务的市场规模来看，网易考拉、海囤全球、天猫国际位列跨境电子商务的第一梯队；洋码头、唯品会、小红书等跨境电子商务则位居第二梯队。自 2013 年起，进口跨境电子商务平台逐渐出现，我国跨境网购用户数量逐年增加，我国进口跨境电子商务市场规模快速扩大，进口跨境电子商务呈现爆发式的增长态势。据海关总署数据显示：2018 年全国海关通过系统验放的进出口商品总额为 1 347 亿元，同比增长 50%。其中，出口商品额为 561.2 亿元，增长 67%；进口商品额为 785.8 亿元，增长 39.8%，进出口商品均保持高速增长。可见，我国跨境电子商务行业的发展速度和发展潜力巨大，市场前景十分广阔。

2018 年 9 月，中国商务部经济贸易合作国际研究院（以下简称商务部研究院）国际服务贸易研究所发布研究报告——《全球服务贸易发展指数报告（2018）：数字贸易兴起的机遇与挑战》。该报告从贸易内容上将数字贸易划分为数字货物贸易、数字服务贸易和数据贸易三大类（表 2-3）。其中，数字货物贸易包括交易对象为数字货物的贸易和以数字方式交易的货物贸易；数字服务贸易包括数字内容服务贸易和以数字方式提供的服务贸易；数据贸易就是通过跨境数据流动的贸易。

表2-3　商务部研究院国际服务贸易研究所发布的数字贸易分类及内容

类型	内容
数字货物贸易	跨境电子商务；交易对象为数字货物的贸易
数字服务贸易	数字内容服务贸易（数字旅游、数字教育、数字医疗、数字金融等）；数字媒体贸易（数字音乐、数字电影、数字动漫影视、电子出版等）；软件贸易
数据贸易	搜索引擎；通过云提供的数据服务；数据的跨境流动

目前，中国在跨境电子商务、数字产品与服务以及数字化知识与信息的贸易等方面的数字贸易规模正在快速扩大。《全球服务贸易发展指数报告（2018）：数字贸易兴起的机遇与挑战》显示，由数字化技术推动的数字贸易已成为中国服务贸易发展的新趋势，中国数字技术产业化发展速度很快，这极大地丰富了中国服务贸易细分领域，并不断涌现出数字游戏、数字音乐、数字电影等数字服务新形态。中国商务部发布的数据显示，2017年中国新兴服务进口额为7271.7亿元，增长10.6%，新兴服务出口额为7 328.4亿元，增长11.5%。其中，计算机和信息服务、知识产权使用费和个人文化娱乐进口同比分别增长54.9%、21.0%和30.6%，而知识产权使用费、金融服务出口分别增长316.6%和30.0%（严先溥，2018）。

二、中国数字贸易发展现状的国际比较

2018年，浙江大学区域开放与发展研究中心与浙江大学中国跨境电子商务研究院联合发布研究报告《世界与中国数字贸易发展蓝皮书（2018）》，从互联网水平、支付方式、物流绩效、电子商务、法律监管和贸易潜力6个方面选取13个指标构建测度各国数字贸易发展水平的指标体系，进而全面评估世界各国的数字贸易发展情况（表2-4）。

表2-4 世界各国数字贸易发展水平比较

序号	发展环境		市场潜力		综合表现	
	国家	得分	国家	得分	国家	得分
1	瑞士	1.894	美国	7.960	美国	2.694
2	卢森堡	1.892	中国	5.054	德国	1.567
3	瑞典	1.777	德国	1.940	英国	1.432

续表

序号	发展环境		市场潜力		综合表现	
	国家	得分	国家	得分	国家	得分
4	挪威	1.775	日本	1.904	日本	1.378
5	荷兰	1.720	英国	1.012	中国	1.293
6	英国	1.664	法国	0.975	荷兰	1.224
7	芬兰	1.648	印度	0.918	瑞士	1.212
8	丹麦	1.626	加拿大	0.592	加拿大	1.197
9	新加坡	1.557	意大利	0.580	瑞典	1.081
10	加拿大	1.531	巴西	0.519	韩国	1.070
11	以色列	1.501	墨西哥	0.446	法国	1.066
12	比利时	1.481	韩国	0.441	卢森堡	1.051
13	新西兰	1.441	荷兰	0.330	挪威	1.048
14	韩国	1.418	西班牙	0.307	比利时	0.995
15	德国	1.360	乍得	0.204	新加坡	0.961
16	爱沙尼亚	1.347	沙特阿拉伯	0.192	丹麦	0.935
17	澳大利亚	1.343	澳大利亚	0.172	澳大利亚	0.926
18	爱尔兰	1.235	俄罗斯	0.164	芬兰	0.924
19	立陶宛	1.181	巴基斯坦	0.142	以色列	0.848
20	法国	1.116	土耳其	0.120	新西兰	0.777

注：数据来源《世界与中国数字贸易发展蓝皮书（2018）》

当前，世界各国数字贸易发展呈现如下特征：第一，从发展环境的角度来看，发达国家的表现优于发展中国家。发展环境较为良好的地区主要集中在欧洲的一些国家，这些国家信息技术较为先进，制度环境较为完善，电子商务发展水平较高；而中国在发展环境指标上的得分较低，位于榜单第87位。第二，从市场潜力的角度来看，发展中国家数字贸易的成长前景十分广阔。在市场潜力得分排行前20名的国家中，发展中国家的数量相较其发展环境得分排行中的数量有很大提升，这些发展中国家主要位于亚洲和非洲。总体来看，这些发展中国家的经济体量较大，国内贸易和国际贸易较为发达，这使得其数字贸易的发展拥有强大的市场基础，未来的成长空间较为广阔。第三，从综合表现的角度来看，发达国家仍然是数字贸易的领跑者。综合表现排行前20名的国家，依然以北美洲和欧洲的一些发达国家为主，美国、德国和英国为数字贸易发展综合表现的前3名，前10名中唯一的发展中国家是中国（排名第5位）。

三、中国数字贸易的区域分布

《世界与中国数字贸易发展蓝皮书（2018）》从互联网环境、物流环境、政策环境和贸易潜力4个方面选取共计14个指标，构建我国省（自治区、直辖市）数字贸易发展水平的指标体系，全面评估和详细比较我国省（自治区、直辖市）的数字贸易发展水平。

根据《世界与中国数字贸易发展蓝皮书（2018）》的研究分析，可以看出：第一，北京（3.203）、上海（2.379）、浙江（1.949）、广东（1.062）、福建（0.963）的数字贸易发展环境得分较高，主要是由于这些地区拥有好的互联网基础设施、物流服务设施、政策支持等数字贸易配套服务。第二，广东（3.315）、江苏（1.807）、山东（1.731）、浙江（1.157），河南（0.904）的数字贸易市场潜力得分较高，主要是由于这些省份在国内商务、国际贸易等方面具有更大的市场规模，在传统贸易向数字贸易转型的过程中，具有巨大的发展潜力。第三，综合来看，广东（2.323）、浙江（1.506）、江苏（1.209）、北京（0.898）、上海（0.782）、山东（0.716）等省（市）分列中国数字贸易发展综合得分的前6位，主要是由于这些省（市）在发展环境方面和市场潜力方面表现优异，是中国数字贸易发展的重点区域。西藏自治区（-0.716）、青海（-0.670）、宁夏回族自治区（-0.622）、甘肃（-0.593）、内蒙古自治区（-0.548）数字贸易发展的综合得分较低，数字贸易发展相对滞后。由此可见，中国数字贸易发展水平呈现东部强、西部弱，南方强、北方弱的态势，即中国数字贸易发展程度比较高的是东南沿海地区，而中西部地区的数字贸易发展水平则相对滞后。其内在原因在于：第一，数字贸易发展水平与地区经济发展水平密切相关，数字贸易发展需要良好的互联网、物流等基础设施作为支撑；第二，东南沿海省市的区域贸易和国际贸易规模更大，由传统贸易向数字贸易转型的潜力也更大；第三，广东、浙江等东南沿海省份在发展环境、市场潜力两个方面具有天然的优势，并且国家政策试点也往往向这些基础良好的省份倾斜,这些都为其数字贸易的发展提供了良好的政策土壤。

此外,《世界与中国数字贸易发展蓝皮书(2018)》还基于数字贸易发展的聚类分析结果,将省(自治区、直辖市)划分为4类(表2-5)。具体如下:

第一类包括广东、江苏和山东3个省份,这些省份的市场潜力得分相对较高,但发展环境得分相对较低。这些省份的典型特征是拥有庞大的区域贸易与国际贸易规模,具有较大的市场潜力,广东、江苏和山东分列市场潜力得分的前3名。若这些省份能够加强互联网、物流等基础设施建设,将会释放出巨大的数字贸易发展潜力,成为中国数字贸易发展的重点地区。

第二类包括浙江、北京和上海,其发展环境得分较高,市场潜力得分相对较低。浙江、北京和上海拥有良好的互联网环境、物流环境和政策环境,能够为数字贸易发展提供良好的软、硬件支撑,其发展环境得分位列前3名。若能够着力推动传统贸易向数字贸易转型,大力发展数字产品与服务、数字化知识与信息的贸易,其数字贸易发展将具有十分广阔的前景。

表2-5 省(自治区、直辖市)的数字贸易发展水平聚类结果

类别	省(自治区、直辖市)名称	得分情况
第一类	广东、江苏、山东	平均综合得分:1.416 平均综合排名:3.333
第二类	浙江、北京、上海	平均综合得分:1.062 平均综合排名:3.667
第三类	河北、河南、湖北、四川、安徽、湖南、江西、广西、云南	平均综合得分:-0.612 平均综合排名:15.000
第四类	福建、辽宁、天津、重庆、山西、陕西、黑龙江、吉林、贵州、新疆、海南、内蒙古、甘肃、宁夏、青海、西藏	平均综合得分:-0.373 平均综合排名:21.250

第三类包括河北、河南、湖北、四川、安徽等9个省份,这些省份的市场潜力得分中等,发展环境得分较低。这些省份的数字贸易发展环境有待进一步优化,数字贸易发展受互联网、物流等基础设施制约较为严重。但是,这些省份数字贸易发展具有一定的市场潜力,若能够营造良好的数

字贸易发展环境，同样可以兑现数字贸易的潜在发展红利。

  第四类包括福建、辽宁、天津、重庆、山西等16个省（自治区、直辖市），这些省（自治区、直辖市）的市场潜力得分和发展环境得分均较低。与第三类别的地区相比，处在该类别的地区发展环境得分相对较高，尤其是福建、天津、辽宁等省（自治区、直辖市），拥有较好的互联网、物流等基础设施。这一类别的省（自治区、直辖市）若能培育自身的数字贸易优势产业，发展以数字产品与服务、数字化知识与信息贸易为特色的产业集群，仍可为其数字经济发展提供巨大的动力。

第三章 数字产品、数字贸易及对全球价值链的影响

本章从数字产品的定义和基本特征入手,分析数字产品对全球价值链产生的影响,为分析并制定数字贸易规则提供依据。

第一节 数字产品

要对数字产品下定义,特别是按照国际贸易规则的要求去对数字产品下定义,是极其困难的。

数字产品一般被理解为信息内容基于数字格式的交换物,而信息的内容多种多样,传输的方式也不同,因而数字产品表现为不同的特征。从交付方式、粒度和可试性三个基本特征区分了三种类型的数字产品,即内容类产品、工具类产品和服务类产品。数字产品的第一个特性是交付方式的多样性,有些数字产品可以通过一次性下载直接交付,有些产品可以分批下载多次交付。数字产品的第二个特征是粒度的可分割性,不同数字产品的差异很大,有些产品完全可以分割,有些产品则难以分割。随着信息技术的发展,有些数字产品可以在国内完成,有些产业可以在不同国家之间完成,这样就形成了与类似货物贸易中产品内贸易这样的商业形态,出现了最终品和中间品的产业类型,形成了数字产品内贸易。数字产品的第三个特性是可测试性,即试用产品的可能性,有些产品完全可以试用,有些产品可以分拆试用,有些产品完全不可以试用。数字产品的基本特征可以

归纳为表 3-1。由于不同数字产品存在着不同的特征，数字产品的国际交易方式和定价方式也存在着明显的差异。

表 3-1 不同类型数字产品的基本特征

产品类型	交付方式	粒度	可试性	举例
内容类产品	下载	高	低	电子书、电子音乐等
工具类产品	下载	中	高	各种软件、平台等
服务类产品	交互	低	中	在线翻译、在线交付

从产品性质上看，内容类产品与原来的纸质书、唱片、报刊等没有什么区别，都属于私人产品，且生产者为消费者提供了数字方式传输，而内容类产品交易方式相对更加灵活，表现出这类产品可以拆分，传输方式通过电子传输，随时可以下载、阅读或者收看，并且传输方式多样，价格便宜，如亚马逊使用 Kindle 电子阅读器实现了数字产品的交易。服务类产品首先通过互联网实现了边生产和边消费，实际上在跨境贸易中就是跨境交付，由于信息技术和数字技术的发展，服务类产品范围在不断扩大，同时大量服务属于定制类服务，如专业服务中的研发服务、地图服务、信息服务、导航服务等，如金融服务中的保险服务和健康服务等，目前的趋势是原来需要通过设立机构实现跨境服务的产品现在越来越多使用跨境交付的形式，但不同行业采用数字解决方案在技术、市场需求等方面存在着差异性，也就是说数字服务的市场成熟程度是不同的。工具类产品中除了传统的各种软件，最多的工具类数字产品是为客户提供数据服务的平台，有些数据服务平台是俱乐部产品，如云计算，用户需要通过付费才能进行消费，但大量的数据服务平台是免费的公共品。又如搜索引擎、社交网站等数字服务平台，这些平台的应用软件都可以免费下载，同时这些平台克服了语言障碍和边境障碍，只要有互联网的地方，就可以实现任何连接，市场是无边界的。然而，平台运营的本身需要支付成本的，这些平台主要依靠广告、游戏、用户支付的手续费等方式为其盈利模式，同时，另外，平台可以为所有数字产品提供服务平台，包括内容类产品、服务类产品和软件产品。平台也可以为非数字产品的货物和服务提供数字化服务，如为货物贸易提

供购物平台。所以，数字化服务渗透到几乎所有的制造业和服务业领域，与交易平台和交易手段有关，首先解决了高度分散交易主体之间的交易成本，这样各种类型的交易平台成为数字产品和非数字产品的基本实施主体。全球数字服务平台交易主体从20世纪90年代开始孕育，截至目前，在搜索引擎、社交网络、跨境电子商务等领域形成了全球性、区域性和地区性的交易平台。要在交易平台中精准寻找客户，就需要对大数据进行分析，这样云计算和数据服务中心就成为重要支撑数字贸易的专业性商业机构。

通过上面的分析，我们对数字产品的分类以及数字产品之间的关系可以通过图3-1来描述。图3-1中，我们将数字产品分为三类，即内容性产品（特指通过网络进行传输和交付的内容产品，之所以与其他服务产品分设一类，是因为这类数字产品与服务性产品在交付方式、粒度和可试性方面存在着差异）、工具类产品和服务性产品（内容性产品之外的其他服务性产品）。工具类产品又可以分为两类，即各种软件和数字服务平台（社交平台和搜索引擎平台等）。在数字产品中，数字服务平台不仅为数字产品提供平台，包括内容性产品、工具性产品中各类软件，而且为货物和服务提供数字化服务。在数字服务主体方面，最主要的服务主体是个人消费者，还包括企业和政府。

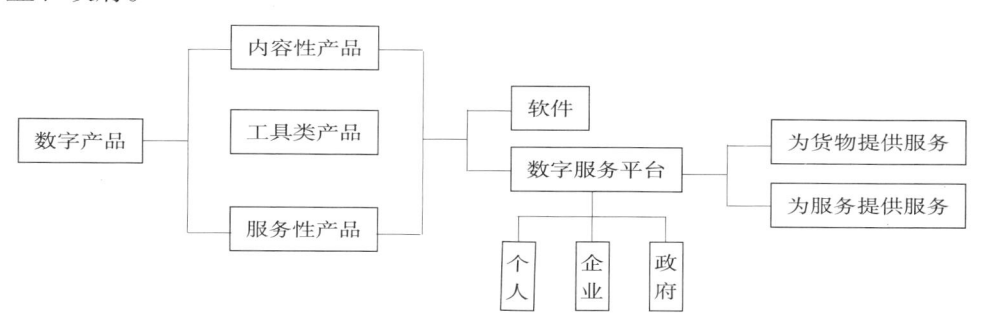

图3-1 数字产品的分类及其关系

数字产品与货物产品和服务存在着明显的差异，每个货物产品具有相对应的税则号，形成具体产品或者某一类产品，并根据关税壁垒和非关税壁垒进行贸易谈判。服务也有一定的服务部门分类，尽管具体实施中存在着分类争议，但还总是有一定的服务贸易规则，并且当美式自贸区协定对服务和投资采用负面列表方式时，这种分类也不重要了，但数字产品相对而言较为复杂，因为在现实社会中，许多数字服务提供商不仅提供一种数字产品，而且为数字产品提供服务或者提供数字化服务，如阿里巴巴主要是提供跨境电子商务平台，这可以说是一种工具类产品，但这个平台可以有大量的个人数据，因而可以提供内容类产品和服务类产品，类似情况在谷歌、"脸书"等平台型数字服务商中普遍存在。

第二节 数字贸易

美国国际贸易委员会在发表的三个数字贸易报告中对数字贸易的内涵和外延还存在着差异。在 2017 年 8 月美国国际贸易委员会发布的《全球数字贸易——市场机遇及主要外国贸易限制》中，将数字贸易定义为"不同行业部门通过互联网及相关设备，如智能手机、网络连接传感器等的交付而实现的产品和服务"，但不包括在线订购的实物商品的销售价值，也不包括具有数字内容的实物商品（如以 CD 或 DVD 光盘为载体销售的书籍、电影、音乐及软件）。其数字贸易涉及的内容是互联网基础设施及网络、云计算服务、数字内容、电子商务、工业应用及通信服务。

经济合作与发展组织（OECD）也试图定义数字贸易，但他们从数字贸易的维度和数字贸易类型列举的方式去分析，也就是从性质、产品和服务对象视角分析了数字贸易的运作模式。

与其他国际贸易不同，数字贸易的基本前提是数据的跨境流动，其表现为两种形式，一是数据跨境传输和处理，二是数据即便没有跨境但被第三国的行为主体访问。数据的跨境流动与互联网密切相关，随着互联网技术的发展以及互联网全球用户的不断扩大，全球已经形成了完整的互联网价值链。科尔尼管理咨询公司（2010）将互联网价值链分成五个部分，分别是内容创建权利、在线服务、支持技术性服务、连通性以及用户界面。

由于数字贸易以跨境数据流动为基础，因而形成了不同于货物贸易和服务贸易的贸易方式，OECD 和国际货币基金组织（IMF）对数字贸易的维度从性质、产品和行为主体进行分析（见图3-2）。数字贸易的基本性质是通过数字交易平台（大部分情况下）进行下单和交付。数字贸易的产品大致可以分为三大类，第一类是货物，如电子阅读器或者3D打印等，这里的货物只是实施数字贸易的实物载体，电子阅读器的主要功能是提出电子书，电子书是通过数字表达的传输方式。第二大类是服务，通过在线服务方面提供的服务，例如在线教育服务，提供的服务是教育，但是其提供方式是通过视频传输方式。第三大类是信息和数据本身，包括各种应用软件的跨境传输。数字贸易的行为主体是多方面的，企业、政府和个人等都是数字贸易的行为主体。最后，数字贸易的收费方式采用免费和收费两种方式，大多数字贸易平台采用免费方式为消费者提供服务，平台的盈利模式以广告收入或者其他服务（如游戏）等为主。

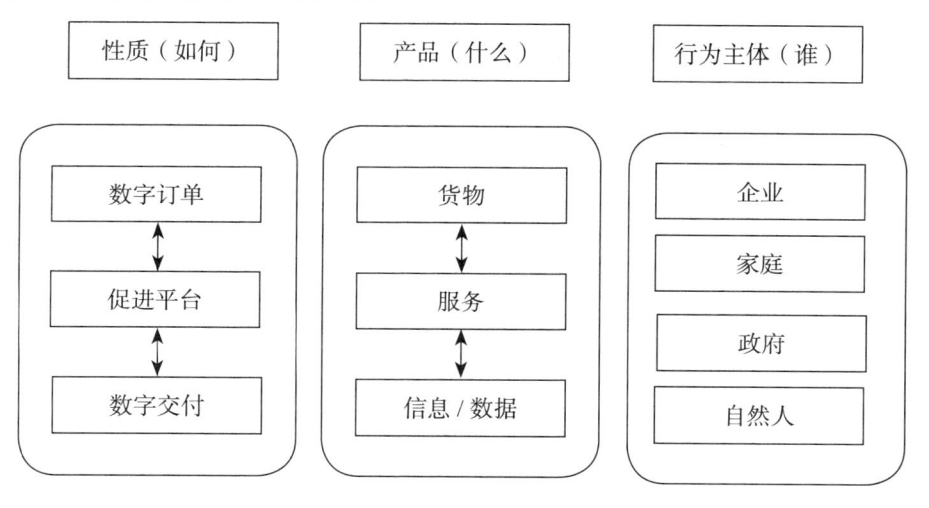

性质（如何）	产品（什么）	行为主体（谁）
数字订单 ↕ 促进平台 ↕ 数字交付	货物 ↕ 服务 ↕ 信息/数据	企业 家庭 政府 自然人

图3-2 数字贸易维度

　　数字贸易的提供方式因为订购方式、使用平台和交付方式的不同而存在着明显差异。OECD、IMF（2017）列举了数字贸易的16种类型，从是否采用数字方式订购看，绝大部分采用数字方式订购，从是否通过数字贸易平台看，在16种类型中，有9个是通过数字贸易平台订购的。从产品提供服务看，以货物为载体的有5种，其他都以服务为载体。需要指出的是，OECD数字贸易的19种类型中，根据我们的定义，涉及货物领域的实际上不是数字贸易，而是为货物提供数字化服务。另外，在数字贸易中，一般都采用数字方式订购。

由于数字产品的传输方式存在着很大的差异,因而数字贸易也存在着多种类型,大致可以分为以下六种类型。

第一种类型:社交网络型的数字贸易(B2C)。数字服务提供商为个人用户和企业用户免费提供交流平台,为消费者提供各种网络服务,平台的收益主要是广告服务和游戏服务。同样,搜索引擎服务的数字贸易提供方式也类似,一般是免费为个人用户提供信息搜索服务,同时也为企业提供各种广告服务。这种数字服务平台的特点一是个人用户规模巨大,许多社交网络和搜索引擎平台的个人用户都在亿人以上。二是数字服务平台除了提供在线广告服务,还包括金融服务等其他专业服务。三是平台不仅仅只为用户提供一种或者一类服务,而且充分利用客户资源,同时提供多种服务。

第二种类型:分时租赁类型的数字贸易(B2C)。这种类型是为第三方的消费者(服务需求者)和司机(服务供给者)提供配对服务,需要将供需主体的信息传输到共享平台,由共享平台提供配对服务(如图3-3)。

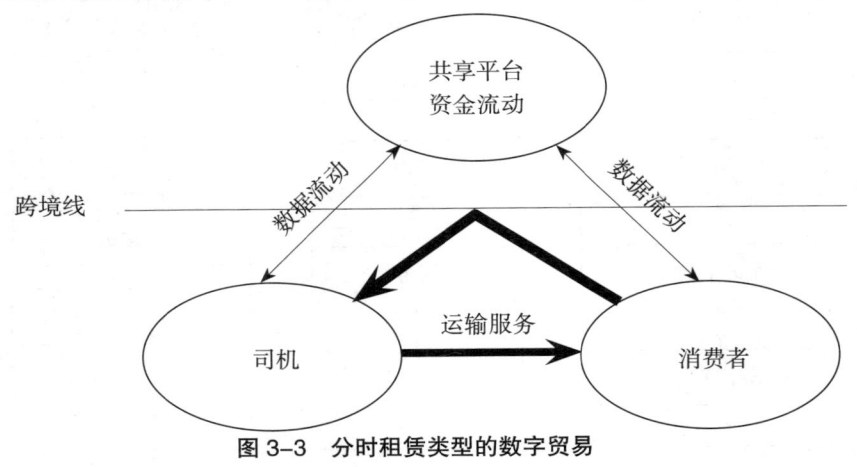

图3-3 分时租赁类型的数字贸易

第三种类型:App应用商店类型的数字贸易(B2B、B2C)。数字贸易服务提供商为开发者提供平台和网络,企业作为服务提供商开发相关数字产品,如游戏、订票、电子支付等,并将产品传输到App应用商店,在全球范围内分销,为所有App用户提供服务。在App应用商店中,苹果公司规模最大,苹果应用商店的基本商业模式是苹果公司提供服务,苹果公司通过Apple软件提供或提供的服务,Apple软件是指苹果SDK,iOS,watchOS,tvOS和/或macOS,配置文件,FPS SDK,FPS部署包以及任何其他软件。Apple SDK是指由Apple提供的软件开发套件(SDK),包括标题为iOS,watchOS,tvOS的头文件、API、库、模拟器和软件(源代码和目标代码）或 Mac SDK，并包含在 Xcode 开发人员工具包中，因此苹果公司掌握了开发与管理权，是平台的主要掌控者。开发者开发各种应用软件，消费者可以通过固定和移动终端下载各种软件。在这个数字服务平台中，苹果应用商店是连接开发者与用户之间的桥梁，是苹果专供 iPhone 和 iPod Touch 下载应用程序的唯一渠道。通过与 iPhone 终端相结合，一方面向用户提供了持续的固定和移动互联网内容或应用服务，另一方面为软件开发者提供了一个软件售卖的平台。苹果应用商店通过用户下载付费的形式获得收入，由苹果公司统一代收。然后苹果公司将应用收入按照 3∶7 的比例与应用开发者按周进行分成，即苹果公司获得收入的 30%，软件开发者获得收入的 70%。苹果公司自 2008 年初首次推出苹果应用商店以来，在苹果应用商店中应用程序的开发者收入超过 860 亿美元。仅 2017 年，移动应用程序下载量就增长了 70%，苹果应用商店现在有二百多万个可用的手机应用程序。

　　App 应用商店中，主要的数字产品是电子支付、电子订阅、视频流媒体、旅游 App 和共享出行软件。2017 年，全球 App 下载超过 1 750 亿次。随着应用程序成为所有行业中一个重要的渠道，谷歌 Play 和苹果 iOS 应用商店的应用程序数量已经扩大到 600 万多个，总收入达到 860 亿美元（见图 3-4）。

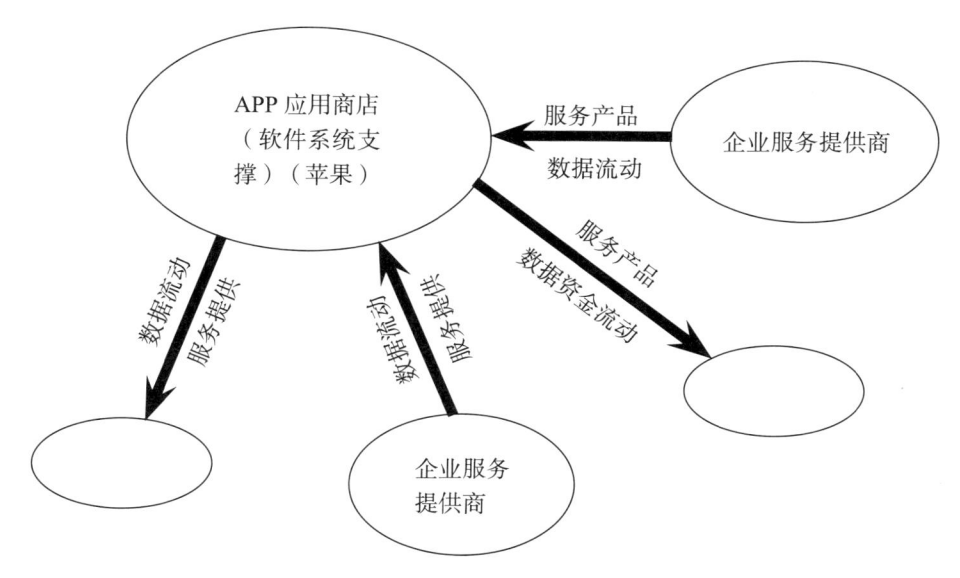

图 3-4　App 应用商店类型的数字贸易

第四种类型：3D 打印的数字贸易类型（B2C）。3D 打印是以数字模型文件为基础，运用粉末状金属或塑料等可粘合材料，通过逐层打印形成的产品，3D 打印已经在鞋类、工程和施工（AEC）、汽车零部件、航空航天、牙科和医疗、珠宝等领域应用。在 3D 打印中，企业提供 3D 打印设备，并提供设计服务和软件服务，或者在网上直接下载相关的打印软件，或者通过传输的方式提交消费者。其数字贸易的运行方式见图 3-5。

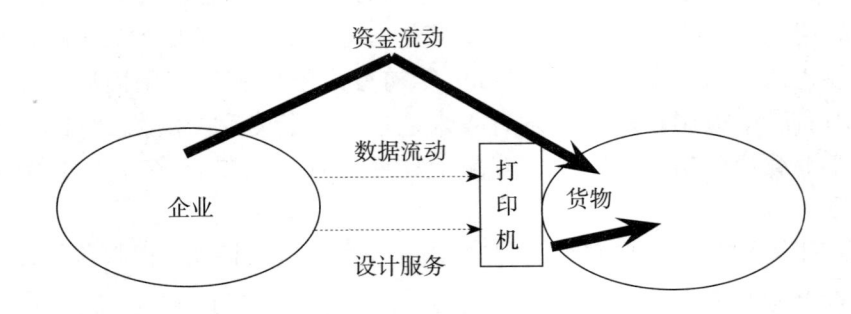

图 3-5　3D 打印的数字贸易类型

第五种类型：云计算服务类型的服务贸易（B2B、B2C）。云计算服务就是为用户提供数据加工、储存、分析和软件应用。云计算最初有三种类型，即基础设施即服务（infrastructure as a service，IaaS），软件即服务（software as a service，SaaS）和平台即服务（platform as a service，PaaS）。最近几年来，云计算服务类型在不断增加，如业务流程即服务（BPAAS）、数据作为服务（DAAS）、统一通信即服务（UCaaS）、服务于物联网和云集成与人工智能和安全即服务（SECaaS）。

业务流程即服务（BPAAS）是通过云服务平台提供业务流程活动，如支付与客户服务。这些业务流程服务企业也倾向于将人员混合使用于各个客户公司中，而不是为每一个公司提供专属的人员。

数据作为服务（DAAS）是提供商收集汇编数据并将数据整理为易使用的格式，数据存储于云服务器中并需要订阅才能获取。这些数据汇编服务经常与那些通过处理云服务器上的大数据来获取趋势引导企业决策的数据分析服务结合。

统一通信即服务（UCaaS）专注于以交流为专长的云服务，比如视频会议和讯息服务。

安全即服务（SECaaS）是提供商将她们的网络安全软件通过基于云的订阅部署于个人和企业，同时也远程管理每个公司的网络安全。

服务于物联网和云集成与人工智能。云服务提供商已经开始投资人工智能与数据分析结合为云计算服务包的资源。将人工智能和数据分析服务添加到其他云计算平台上的软件，在云中存储更大量的数据带来更多信息，提升人工智能的效率，并加强了云计算的能力。

第六种类型：物联网等工业企业之间的跨境数据服务类型（B2B）。在数字网络上移动数据的能力从根本上改变了工业的运作方式，整个制造业企业都采用数字技术来提高效率和生产力，提供新的或增强的产品和服务。企业越来越专注于以下三种广泛的数字技术，即与物联网相关的连接设备和数据管理技术、机器人技术和其他自动化的数字技术以及用于数据处理和升级的云计算技术。

目前的发展趋势是三种技术之间互相运用，例如，物联网科技正从他们本来的领域（如汽车与手机）不断扩展，现在领域主要包括主要的家具设施、可穿戴设备以及家庭安全科技。同时除了使物联网设备可在线使用的能力，云也提供了快速收集和处理大量数据的科技。若物联网设备要成功运作，科技必须具备即时处理数据和与其他设备即时交互的能力。物联网设备可以与网络连接传输数据，但很少有储存能力或者计算能力。就算这些设备可以不与云连接而仅依靠一个电脑的存储，它们的存储也会被电脑的存储量限制，因此，它们也只能通过 Wi-Fi 传输数据到基于云的设备来运作，或者是通过另一个人设备来传输到云。

与货物贸易和服务贸易一样，数字贸易同样也存在着各种各样的壁垒，首先，是跨境数据传输方面的壁垒，包括数据的当地化要求，数据管制（不允许相关数据的跨境传输）等。其次，是与数字贸易相关的货物贸易壁垒和服务贸易壁垒，如电子阅读器、3D 打印机的关税壁垒或者其他非关税壁垒、贸易便利化障碍、国际支付等。在服务贸易领域采用 GATS 模式下跨境交付承诺，特别是通信服务中的电信增值服务和专业服务中的数据库服务在跨境交付方面的承诺。最后，数字贸易相关的技术和规则上的壁垒，如数据隐私保护、源代码、知识产权、市场准入、国有企业和政府采购等方面。

数字贸易的研究还处于起步阶段，许多理论和政策问题需要进一步深化，首先的问题是数字贸易的定义，这是数字贸易研究的基本问题，不清楚数字贸易的基本概念，就难以确定数字贸易的分类以及与货物贸易和服务贸易之间的关系。其次，是数字贸易的测量，其难度要比货物贸易大许多，主要是因为许多数字贸易具有非货币的特征，也就是消费者的跨境数据消费是免费的，那么是用贸易值计算还是通过流量值计算？而这种测度也与分类有关。最后，是数字贸易壁垒的问题，我们应该处理好个人数据保护的程度与数据服务提供商使用之间的关系、跨境数据传输与国家安全之间的关系以及数字贸易国家之间利益的平衡关系。

第三节　数字产品对全球价值链的影响

在整个数字产品价值链中，数据流支撑着数字服务。在某些领域，比如广告，数据本身有时就是交易的"产品"。但在大多数细分和类别中，数据不是产品，而是数字业务的平台和手段，没有数据流，数字产品就无法交易，也无法对相关产业提供数字化服务。美国国际贸易委员会认为，没有跨境数据流动，即使是有形货物的国际贸易也几乎是不可能的。数字产品和数字贸易对全球价值链的影响体现在以下两个方面：一是数字产品替代传统货物产品或者传统服务产品，形成数字产品价值链；二是数字产品改变传统制造和服务价值链的部分环节（或者任务），数字产品嵌入全球价值链。

一、数字产品替代传统产品形成新全球价值链

不同学科对全球价值链的理解是不同的。OECD 认为，全球价值链是

不同生产和服务环节在不同国家之间配置而形成的,这个环节需要通过国际贸易和国际投资方式实现,形成的最终消费品在全世界市场销售。不同产品的全球价值链长度和参与全球价值链国家的多少是不同的,同时各国制度和要素禀赋不同,参与全球价值链的程度也不同。

从目前商业模式的演变看,无论是货物领域,还是服务领域,都存在着数字产品替代货物和服务的现象。

在货物领域,传统的书籍、唱片、游戏、报纸和杂志等内容制造业,逐渐形成数字内容产业。数字内容价值链是数字产品价值链演变最快的行业,但并不意味着传统内容制造就被数字内容产业全部替代,这与消费者的消费习惯等有一定的关系。美国基于内容的传统业务即音乐、游戏、视频、图书等在线制作、购买的份额大幅度提高。音乐产业被替代最快,数字图书相对较少,但发展速度快。

另外,数字内容价值链被不断被细分,从内容的创建、内容的包装到内容的分发形成基本价值链。在内容/视频环节,可以是文字内容的价值链,也可以是视频内容的价值链,每个不同价值链的环节根据市场需求决定。分销环节是数字内容价值链的关键环节,也形成了具有硬件设施和软件设施等组合的传输/连接价值链体系。设计和制作的本地化、格式化和模块编码,不仅在技术上解决了语言不通问题,而且内容数字化障碍基本消除,这使数字内容更进一步朝着大规模定制方向发展,并使跨境交付成为数字内容涉及的主要贸易方式。品牌和营销服务、内容生成、内容管理服务、活动管理和内容平台发布等,都形成了全球内容服务价值链。同时,数据内容的设施支撑越来越完备,如语音和数据的访问终端等。

数字产品价值链的另一种是数字服务平台类型的数字产品替代传统的服务,形成新全球价值链,主要包括在线信息与数据检索、社交网络服务。

(1)在线信息和数据检索服务全球价值链。关于搜索引擎服务在服务贸易中的分类,有些学者认为其应该放在"增值通信服务"下的"在线信息和数据检索"和"在线信息和/或数据处理"。不过,也有些学者持异议,W120中对应的CPC代码应该就是增值通信服务的代码,即CPC7523,其名称叫数据和信息传输服务,该类别下有两个子类别,分别是数据网络服务和电子短信和信息服务。这两个子类别主要指的是通过硬件传输数据,而不是在线信息的提供。因而,并不包括谷歌搜索引擎服务。

一个搜索引擎由搜索器、索引器、检索器和用户接口四个部分组成。在线信息和数据检索服务价值链的特点,从服务提供角度看是搜索引擎服务提供商以定期搜索等方式,传统的搜索引擎采用自动信息搜集手段从网站提取信息建立网页数据库,也就是说,搜索引擎派出"蜘蛛"程序,对一定 IP 地址范围内的互联网网站进行检索,一旦发现新的网站,它会自动提取网站的信息和网址加入自己的数据库,因而在线信息和数据检索服务全球价值链中的"原材料"是无数个网站,研发就是搜索引擎服务提供商通过自动信息搜集技术建立网页数据库。谷歌创始人之一拉里·佩奇的思路是将整个互联网复制到本地数据库,然后对网页上所有的链接进行分析,基于其链接的数量和重要性及锚文本对网页的受欢迎程度进行评级,确定哪些网站最有用,网页级别被认为是最大的创新,这样可以产生高质量的搜索结果。由于网络是无国界的,搜索引擎一开始就是建立在全球价值链基础上,目前谷歌在线信息和数据检索服务就使用全文索引方式,谷歌是全球最大的搜索引擎(占世界市场份额的 62%),谷歌抓取数十亿的互联网网页,因此用户能通过搜索关键词等操作较为轻松地获取其想要搜寻的信息。搜索信息产品,除了最基本的文字搜索功能,谷歌搜索还提供至少 22 种特殊功能,如网页搜索、图片搜索、语音搜索、视频搜索、地图搜索、新闻搜索、购物搜索、博客搜索、论坛搜索、学术搜索、财经搜索、同义词、天气预报、时区、股价、地图、地震数据、电影放映时间、机场、体育赛事比分等。谷歌搜索在搜索与数字相关的信息时又会有另一些特殊功能:如单位换算、货币换算、数字运算、包裹追踪、地区代码等。同时,谷歌也为搜索页面提供语言翻译功能。在线信息和数据检索服务全球价值链中的使用者就是需要查询相关信息的消费者,只要有网络,都可以进入谷歌提供的全球价值链体系中,因而在线信息和数据检索服务全球价值链在需求端是高度分散的。不同于其他制造和服务价值链,在线信息和数据检索服务的使用是免费的，但对于有些内容服务，网络服务提供商是要收费的，由于搜索引擎服务商在价值链中提供免费服务，其利润来源主要是广告收入以及其他专业服务收入。在搜索引擎服务提供商中，广告收入是其最主要的收入来源，美国互联网广告收入在2009年时达到230亿美元，主要来自固定的互联网用户，到2016年，达到730亿美元，其中移动互联网收入达到370亿美元，其他收入来自游戏等。谷歌的在线信息和数据检索服务只是谷歌在线服务业务的一部分，还包括电子邮箱服务等16个服务业务，涉及专业服务、通信服务、金融服务等多个服务大类。

（2）社交网络服务全球价值链。社交网络包括硬件、软件、服务及应用。早期的社交网络服务网站以在线社区形式表现，用户通过聊天室进行交流。随着博客等新的网上交际工具的出现，用户可以通过网站建立个人主页来分享信息。2012年3月6日，马克·扎克伯格发布Windows版的桌面聊天软件飞书信，形成了多功能的交流平台，主要包括礼物功能、活动、上传、市场（广告）、标识语言、应用程序、应用程序接口、直播、物联网和热门话题等，满足了人们生活、学习和工作等多样性需求。

社交网络服务全球价值链的最大特征是提供网络多功能交流平台，并不仅仅是聊天工具，而且包括各种学习和工作平台，提高了人们工作和学习的效率。所以，社交网络服务全球价值链的前端就是设立社交网络的服务提供商，后端就是使用网络的个人和企业，以个人为主，市场范围是全球性的，服务的主页是社交网络服务，与搜索引擎平台一样，作为一个网络平台，自然可以在这个平台上提供各种服务。当然，与搜索引擎服务价值链一样，社交网络除了提供社交网络服务，还提供金融服务、专业服务等多种服务。

（3）云计算服务全球价值链。云计算是一种为客户提供数据处理的专业服务。云计算提供无处不在的、便捷的、按需的网络访问，进入可配置的计算资源共享池（资源包括网络、服务器、存储、应用软件、服务），云计算的收费方式是用量付费模式。

云计算服务全球价值链的前端是需要存储、处理数据的企业和用户。据全球数据中心的流量统计可知，全球总数据中心流量的增长率达到26.8%，其中云数据中心增长快于传统数据中心，其增长率达到31.9%。

云计算服务全球价值链中提供服务的企业是云计算企业，提供的产品是数字处理的硬件和软件服务，与一般数据中心不同的是：第一，云计算公司提供给客户资源池，资源池根据消费者的需求来动态地划分或释放不同的物理和虚拟资源，包括存储、计算处理、内存、网络带宽以及虚拟机个数等；第二，按需自助服务，企业用户和个体用户无须与云计算服务提供商交互就可以自动地得到自助式计算资源能力，如服务器的时间、网络存储等；第三，无间断提供网络访问，任何终端设备（如智能手机、笔记本电脑和平台电脑）都可通过云计算的标准机制访问计算资源；第四，服务可计量，资源池采用多租户模式提供服务，用户并不经常控制或了解这些资源池的准确划分，就可以知道这些资源池在哪个行政区域或数据中心。云计算公司根据存储、处理、带宽和活跃用户的账号等来测量资源的使用量，自动控制并优化资源的使用情况。资源的使用情况可以加以监督、控制和报告，为供应商和客户提供透明的服务。

云计算服务提供商提供的服务类型主要包括三种类型，即软件即服务、平台即服务和基础设施即服务。软件即服务，提供给客户的服务是运营商运行在云端的应用程序，用户可以通过客户端访问、使用，用户不需要管理或控制任何云计算基础设施，如网络、服务器、操作系统、存储等的开发。平台即服务，用户使用主机操作应用程序，用户掌控运作应用程序的环境（同时拥有主机部分掌控权），但并不掌控操作系统、硬件或运作的网络基础架构，平台通常是应用程序基础架构。基础设施即服务，用户通过"云"可以从完善的计算机基础设施获得服务，如数据存储。一家公司会将陈旧的数据存档在"云"中，而不需要占用内部服务器。

云计算服务全球价值链中的用户包括企业用户和个体用户。从发展趋势看，个体用户的流量明显超过企业用户，2013年占59.44%，2018年占66.0%。

云计算的设备放在本国就可以为任何国家的企业用户和个人用户提供

服务。当一国要求计算设备位置必须放在本国区域，并需要数据备份以后才可以跨境传输时，那么云计算中心可以通过设立数字中心的方式，为当地用户提供服务，这样，云计算的全球价值链被变异为多个数据中心下的全球价值链模式。

从上面我们对数字服务平台类型的数字产品全球价值链与一般产品的全球价值链的比较可知，数字产品全球价值链表现出的五个基本特征如下。一是互联网及相关设施是实现数字产品全球价值链的基础，互联网大大降低了搜寻全球客户的成本。二是数字产品全球价值链的供给主体是数字服务提供商，核心企业是各种类型的数字服务平台，平台化是数字产品全球价值链的重要治理手段。如搜索引擎平台、社交服务互联网平台、云计算平台和App应用商店，这种平台一般情况下具有垄断性。三是数字服务提供商的数字产品提供的智能化。要服务以亿为计算单位的个体用户，人工服务是无法实现的，必须运用数字技术，其中算法是核心的技术手段和工具。谷歌公司创始人拉里·佩奇和谢尔盖·布尔提出一个给网页评估的新概念，称为"网页级别"，这是谷歌搜索引擎算法的重要开端。谷歌每年的算法改变高达500~600次，只不过每次只是很小的改动。然而，每过几个月，谷歌都会做一次比较大的算法升级。四是全球价值链中的需求主体以分散在全球的个体客户为主，客户的市场容量与互联网的使用量相关，随着互联网渗透率不断提高，全球客户数量在不断增加。五是有了全球个体客户资源，数字服务提供商通过数字技术提供多种服务，会涉及通信增值、专业服务、健康服务和金融服务等，可以通过跨境数字传输到所有服务部门，对服务业产生了颠覆性影响。

二、数字产品嵌入全球价值链

数字服务提供商为全球价值链提供的某个环节，将对全球价值链产生不同程度的影响。

数字产品嵌入全球价值链，存在着两种形式。

一种形式是提供辅助性服务，并不影响产品的功能。在制造业领域，在线购买和销售成为企业和消费者主要的采购与消费方式之一，其对价值链的影响如下。首先，是全球价值链环节的减少。如果是企业中间品，网上订购和消费减少了参加各类供货会、直接去商店采购的环节；如果是消费品，网上订购代替了到实体商店购买，减少了贸易商环节和实体商店环节。其次，是支付方式的变化，越来越多的支付采用电子支付方式。最后，是货物监管制度和贸易便利化需要的价值链流通渠道的变化。随着网络使用的普及，货物在线购买和销售比重越来越大，特别是中间品的在线购买和销售（B2B）。在服务领域，机票、球票、音乐票等的订购大都采用电子订阅和传输方式。另外，这些还包括为数据、服务、金融和外国直接投资提供数字化服务。

需要指出的是，无论是货物领域，还是服务领域，尽管手段出现了变化，但贸易内容没有发生质的变化，只是对一国政府的监管要求更高了，无论是B2B下的供应链贸易，还是B2C下的贸易方式，都要在贸易安全和有效监管条件下实现效率提高。

另一种形式是数字产品替代某个功能，对全球价值链产生的实质性影响，以工业互联网作为数字产品的平台，改变了全球价值链的运行轨迹。

工业互联网是指全球工业系统与高级计算、分析、感应技术以及互联网连接融合的结果，它通过智能机器间的连接并最终将人机连接，结合软件和大数据分析，形成机器对机器的价值链，这将对全球的制造业价值链和供应链体系产生革命性的影响。工业互联网改变了传统的大规模生产方式，使传统产品逐步演变到智能产品，而工业互联网是系统的构架基础。因此，工业互联网是机器世界的神经网络，是整个人类未来人工智能承载的一个平台。

第四节　数字贸易发展的背景情况

一、对数字贸易跨境电子商务的理解

当前以跨境电商为代表的数字贸易、数字经济已经逐渐成为全球经济增长的新动力、新引擎。然而在学术层面上，跨境电商尚无精准的定义。由于在短时间内数字贸易发展速度快，形态多样，世界各国政府、行业、社会、个人对数字贸易的认识各不相同。那么，在当前的时代背景下，各界如何理解数字贸易？

在学术层面上，学界对数字贸易跨境电商尚无明确、精准的定义。从大众认知及业务实践角度来看，数字贸易跨境电子商务一般指通过电商平台将不同关税区的商品进行交易、结算、配送到终端消费者手中的过程。从海关的角度看，通常跨境电商相当于针对普通消费者的小额国际贸易。但是从"大跨境电商"的范畴来看，购买终端还可能包含一部分大卖家（大B）及一部分小卖家用户（小B）。但在实际情况下，很难区分小B类商家和C类个人消费者，也很难对小B类商家和C类个人消费者之间的区别做严格的界定。所以，一般从整体来看，针对小B类的那部分销售也归属于跨境零售。

二、中国数字贸易的发展历程

回顾中国数字贸易跨境电子商务的发展历程，大致可以分为以下几个阶段。

第一阶段，参与者是早期的代买群体，涉及面和影响范围都比较小。代购行为一般只是朋友人情，不以营利为主要目的。这主要是因为这些人相互信任，彼此熟悉。

第二阶段，依托新兴的微商模式帮助其他网络用户购买。随着业务量的增加，主要通过快递、邮政物流等方式交换货物。

第三阶段，以跨境电商为代表的数字贸易经营已经向规模化的方向发展。国内外著名的电商平台、网站都看到了中国跨境电商市场的前景，纷纷秣马厉兵，开始投入这个行业。

第四阶段，随着各个国家关注跨境电子商务发展并出台了一系列规章制度，跨境电子商务开始走向规范化。在中国，国内外的各大电商平台都进入这个市场，如 Amazon、Otto、eBay、Shoppee、天猫国际、Aliexpress、Wish、Jumia，还涌现出大批后起之秀，如 Joyllic、Club factory、云集、贝贝网等，可见现在的跨境电商零售进出口市场已经进入新一轮洗牌阶段。

第五阶段，在数字贸易发展的这个阶段，各国商务、海关、税务等监管部门的视野跟不上行业发展的脚步。可以说，部分国家的数字贸易及跨境电商交易仍然处于法律监管的灰色地带。以中国为例，在传统国际贸易方式下，国外商品进入中国，需要经过海关申报、检验检疫、缴纳关税等系列手续。跨境电商商品多是以终端消费者个人名义进入中国市场，"个人自用物品"价值如果比较低的话一般不用申报即可入关。在传统国际贸易方式下，跨境电商平台上充斥着大量低价值商品，却没有法律依据来监管，最终也无法保障终端消费者的合法权益。随着时代的发展，中国政府审时度势，发力推进与数字贸易及跨境电商有关法规政策的制定工作。一般来说，国税总局2018年10月出台的跨境电商"无票免税"新政，以及2019年出台的所得税核定征收方式标志着中国数字贸易跨境电子商务市场在主管部门的引领下向更规范的方向发展。

数字贸易框架下包含了跨境电商、市场采购贸易、外贸综合服务等贸易新业态。当前，促进贸易新业态发展已成为我国加快培育贸易竞争新优势、推动贸易高质量发展的重要内容。与传统贸易相比，贸易新业态多元的市场主体、高频的线上交易模式，对高效便捷的金融服务有着更大的诉求。数字贸易作为其中的关键环节，已经展现出蓬勃的生命力。

三、中国数字贸易的政策与宏观研究情况

高振娟（2020）认为，数字贸易作为一种新型贸易形态，在各国经济增长中所占的比重越来越大。然而，全球范围内并未形成一个完善的、成熟的、权威的数字贸易合作机制的规则体系。

从近年来的趋势可以看出，我国的数字贸易跨境电子商务市场正处于不断完善的过程中。国家对数字贸易跨境电子商务，一直是持大力支持的态度的。我国推出的相关数字贸易跨境电子商务政策法规如下：《关于大力发展电子商务加快培育经济新动力的意见》（国发〔2015〕24号）和《关于促进跨境电子商务健康快速发展的指导意见》（国办发〔2015〕46号），财政部发布的《关于跨境电子商务综合试验区零售出口货物税收政策的通知》（财税〔2018〕103号），国家外汇管理局发布的《国家外汇管理局关于支持贸易新业态发展的通知》（汇发〔2020〕11号）以及自2019年1月1日起施行的《中华人民共和国电子商务法》。

我国当前的监管采取的是"审慎监管、包容创新"原则，即监管部门要求电商企业行为"适度和合规"。根据国务院《关于同意设立中国（杭州）跨境电子商务综合试验区的批复》（国函〔2015〕44号）等文件精神，跨境电子商务综合试验区被设置来研究跨境电子商务监管规则，机制创新与建设经验。通过商务主管部门与海关、税务、外汇等主要监管部门协作，完善政府内外部、行政与市场的多体系监管模式。

通过实施适当的政策，逐步建立电子商务平台，中国跨境电子商务产业呈现出稳定快速的发展态势。该行业的繁荣表明跨境电子商务具有独特优势，这是促进产业转型和加速经济结构调整的结果。

尤其是在应对突出公共卫生事件期间，数字经济领域新业态、新模式迅速涌现，展现出巨大的发展潜力。为进一步打造数字经济新优势，充分发挥新业态对新经济模式的支撑作用，各类政策着重强调以创新的思维优化法规制度供给，完善包容审慎监管政策。同时培育新的就业形态，带动

多元投资，形成强大的国内市场，推动经济高质量发展。在壮大实体经济新动能方面，数字贸易将加快公共服务数字化转型和提升平台"赋能"水平，增强数字化转型能力供给，培育产业平台化发展，加快企业数字化转型。在发展新个体经济方面，数字贸易将推动完善制度保障，推广线上线下融合服务，激发市场主体创新创业的内生动力。

第五节 关于数字贸易的研究

一、数字贸易发展的环境基础

近年来数字贸易、数字经济消费已成为我国经济增长的第一动力，对经济发展起着重要的作用。因此，提振数字贸易，多措并举推动数字经济发展方式加快转变是未来中国振兴经济的重点工作之一。

数字经济的发展带来了传统经济发展方式和传统商务流通系统的革命性变化。数字贸易创新政策为推动数字经济下产业创新的系统化转型提供了必要的支持条件。

McAdam（2020）发现，数字经济在为妇女提供平等的创业竞争环境方面给予了"伟大的"支持。在考察社会和文化习俗受到限制的新兴经济体参与数字创业的情况过程中，研究者借鉴了企业家精神研究提供的分析框架，通过对沙特阿拉伯企业家精神的探索性调查得出的经验数据，研究了女性如何利用数字技术来寻求创业机会。研究发现，沙特阿拉伯的女性通过数字创业来改变她们的自我和生活现实。

在日常生活中，以电子商务、跨境电商为代表的数字贸易的成交量呈指数增长，为国家的经济增长和竞争力提升提供了巨大的机遇，提供了新的增长引擎，开发了新的贸易模式，构建了新的商务贸易系统。同时，这种状况也向传统贸易监管机制背景下的世界各国海关提出了问题，如关税和税收的规避，非法货物，临时托运人申报的数据不准确、不完整，缺乏与邮政服务部门的交换信息，缺乏最新的检验设备和检查员等。另外，海关机构效率对跨境数字贸易有着显著影响。所以，在数字贸易中，海关机构需要实施能有效控制商品往来而不影响贸易便利的计划。第一，需要与邮政服务进行数据交换，以有效控制邮政投递项目。第二，海关应加强与电子商务经营者在贸易便利化、有效征税、防止有害货物流入等方面的合作。第三，采用新的税收模式和修改"最小值"来解决收入流失问题。第四，海关机构和电子商务利益相关方应努力提高临时托运人对海关跨境电子商务货物管理要求的认识。第五，海关机构需要有足够的最新检验设备和检验员，以便对电子商务货物进行有效的检验。

二、数字贸易对社会的影响情况

随着新一轮科技革命和产业变革的加速演进，新型数字基础设施会给对外贸易升级带来更加突出的影响。钞小静（2020）从技术扩散视角出发，在贸易环节、竞争条件与要素流动的三维分析框架下阐释了新型数字基础设施影响对外贸易升级的理论机理，并基于2004—2016年中国283个地级及以上城市的面板数据进行了实证检验。研究结果表明：第一，相对互联网应用水平而言，新型数字基础设施在推动对外贸易升级过程中具有更为明显的促进作用，并且该结果在经过一系列内生性处理之后依然成立。第二，新型数字基础设施的建设与完善能够通过技术扩散效应推动对外贸易升级，尤其是在贸易环节的组织与要素流动的加速两个方面更为突出。第三，新型数字基础设施对对外贸易升级存在正向的空间溢出效应，并且从长期来看，新型数字基础设施对本城市对外贸易升级的影响具有显著的正向促进作用。第四，上述影响存在一定的时间差异和城市异质性，尤其是2012年以后这一正向作用得到明显强化，且随着人力资本水平的提高，这一正向激励也更为显著。

美国、欧盟和中国等主要经济体在制定数字贸易战略时，以各自的方式将不同的社会价值和经济利益结合起来，包括保障本国的商业活动自由和经济利益最大化，保护个人数据和隐私以及保护数据主权。因此，各个国家不仅将本国的社会和文化价值观，而且将重商主义纳入数字贸易战略。数字贸易领域的竞争与合作已成为一个全球性问题。

从数字经济的视角审视当前的国际贸易格局与贸易规则的发展方向，我们可以发现：与数字经济相关的货物贸易与服务贸易均快速增长，贸易额占比显著提升，并且跨境电商对贸易的影响逐渐增大，平台企业的作用越发突出。中国数字经济贸易进出口已占据世界重要位置，但在价值链的高端环节以及金融、专利特许权收费等方面，与发达国家还存在差距，且平台企业对境外市场的拓展也有待加强。乔晓楠（2020）认为，中国作为发展中国家，还需要加强对本国数据资源与个人信息的保护，进而为数字经济的发展及新时代贸易强国的建设创造有利条件。乔晓楠利用"战略功能—基础功能—城市地位"三者之间的作用模型、逻辑框架，对杭州这个数字经济发达城市的地位升级实现路径进行了论证，识别出数字经济功能是杭州的战略功能，证实了数字经济的腾飞使得杭州发展迅速，城市地位得到提升。

只有调整传统经济模式并创新范式的政策体系才能适用于新经济模式下的创新发展，因此，要对基于传统经济模式下的创新政策体系的观念思路、制度规则、路径方法等方面进行系统化变革。在此基础上，凭借在数字经济领域的优势，积极推动数字贸易自由化，以便实现数据资源的积累，巩固我国数字经济中心国家的地位。

全球新冠疫情暴发以及个人互联网移动设备的普及促进了数字贸易交易量的井喷。因此，各国政府都认识到有必要制定数字贸易规则。从目前情况来看，许多国家正准备制定数字贸易规则。世界主要国家对数字贸易的讨论和看法并不完全相同，并对数字贸易中的主要问题进行了分析。有些国家主张自由化国家间的信息传输，以及不开放源代码；有些国家则坚持计算设施的本地化原则。

数字贸易规则的讨论随着更多国家的多边谈判进行，并以各类自由贸易条约等作为基础设施。在实施数字贸易战略时，世界主要国家往往利用社会价值观，在数字贸易战略中采取重商主义姿态。正是在这种背景下，这些主要国家之间展开了竞争，以确保本国在向数字经济过渡过程中占据更有利的位置。

数字经济贸易战略功能是驱使各国航空、海运、公路等物流口岸地位转变的根本动力，使得各口岸在国家经济、区域布局中承担着贸易战略中心的角色，成为维持和提高数字经济贸易战略功能的重要保障，起到数字经济贸易枢纽、节点的作用，从而能够提供高度现代化的基础设施与国际服务功能。理想的方案是制定合理的数字贸易规则，确保保护个人数据与商业活动自由之间的平衡，禁止数字保护主义，促进数字贸易交易。

三、数字经济与数字贸易相互作用

当前，全世界范围内掀起了一场"数字革命"，它正广泛而深刻地影响着经济社会各领域。贸易更是最先受到影响，正经历着数字化的深刻变革。世界各国学者对此展开了研究。

Janow（2019）表示，贸易数字化是一个现实，然而，世界贸易组织所建立的世界贸易体系规则只是触及这个问题。这些现实问题正在区域或双边框架内发生并得到解决。同样的情况是，美国、欧洲和中国围绕数据和信息经济制定了几种不同规则。

James（2019）认为，发展中国家实现可持续发展目标的能力在很大程度上取决于其是否有能力调动资源。但是，世贸组织拟定的新规则正在影响着所有国家通过对跨国公司的活动征税来创造财政收入的能力。大的跨国公司在关于"电子商务"新会谈的框架下，设法制定国际规则，以防止政府评估国际交易的关税，并评估公司的利润税。如果世贸组织的谈判能达成相关具有约束力的协议，那么经济中增长最快和最有利可图的部门将被永久免除为企业所依赖的社会和物质基础设施做出贡献的责任，政府将无法满足社会和发展的需要。

Ferracane（2017）旨在研究中国的数字贸易政策，着重阐述数字贸易政策实施的理由。他从新的角度分析了中国的数字贸易政策，并对这一政策实施的理由进行了深入的分析。其对中国数字贸易政策的设计进行了分析，并分析了1985年至2016年间出台的对数字贸易产生影响的主要法律法规。调查结果发现，有70多项措施，对数字贸易产生了负面影响。这些措施是多种多样的，可以根据产业政策、公共秩序和国家安全等多个政策目标进行合理的选择，以稳定中国的财政和国有企业结构。

Li（2019）探讨了现有国际商务理论对于数字平台的适用性。数字平台组织在很大程度上被认为是基于外部资源整合的价值共创，因而它们的扩张可能是遵循了外部化逻辑。Li通过对比网络跨国公司的治理和以平台为中心的生态系统的治理来推进研究。基于并扩展生态系统理论，Li提出了生态系统特定优势的概念，并探讨将这些优势转移到新市场的成本与困难，特别是瓶颈问题。然后，Li提出了一个框架，可应用于未来的数字平台研究，重点关注用户、互补产品供应商以及平台公司。另外，Li还呼吁对生态系统特定竞争优势的创建、转移和升级的动态过程进行研究。

陈健（2020）认为，当前数字经济已成为全球经济社会发展的主导力量。以数字技术为主导的新技术变革正在全球范围内推动了生产方式的变革，并引发贸易格局的深刻调整。如今中美贸易冲突频发，其中很多都是围绕数字技术和产品展开的，亟待我们对数字化背景下全球贸易的格局和特征进行研判，以指导我国参与全球竞争，并提升我国企业在全球数字贸易的地位。

徐金海（2020）发现，作为一种新型的贸易形式，数字贸易发展对国际贸易格局产生了深远影响，成为推动全球价值链重构的重要动力。在以数字贸易为主导的经济全球化新时代，数字贸易发展推动数字产品嵌入全球价值链，改变了全球价值创造模式和全球价值链收入分配格局，形成了全新的价值链，推动了全球价值链的转型和重构。以美国、欧盟、日本为代表的发达经济体，为了进一步巩固与强化对数字贸易时代全球价值链的主导权，采用多举措提升其在数字贸易的战略定位。为迈向全球价值链中高端，我国应紧紧抓住数字贸易发展机遇，提升数字贸易的战略地位，加强数字贸易全球价值链的基础理论研究，构建以中国为核心的数字贸易区域价值链，改善数字贸易发展的制度环境，构建支撑数字贸易发展的政策体系，加快数字化人才队伍建设。

孙杰（2020）认为，数字贸易是随数字经济出现的新贸易形式，虽然赋予了传统贸易一些新内容和新特征而使之成为现代服务业，但主要还是以服务于传统经济活动为目的。因此，数字贸易既不会从根本上替代传统经济活动，也不会颠覆传统的贸易与经济活动，而是提高了传统经济活动的效率。与此同时，数字经济也会挑战一些经济学的传统假定和分析框架，并带来了一些新问题。这些问题最终都体现在应该如何制定数字经济与数字贸易规则上。处于不同数字经济发展水平的国家出于不同的考虑对如何建立新规则肯定会有不同诉求，但是这些诉求不应该也不太可能从根本上背离已有贸易规则的基本理念和基本原则。

随着数字经济的快速发展，数字贸易已成为影响经济发展的重要力量。章迪平（2020）在数字经济背景下探讨了数字贸易内涵，从信息网络基础设施、数字技术水平、产业数字化贸易、数字产业化贸易和贸易潜力5个维度构建数字贸易发展评价指标体系，运用双基点综合评价方法（Technique for Order Preference by Similarity to an Ideal Solution，TOPSIS）对浙江省2010—2018年数字贸易发展水平进行测度。结果表明：2010—2018年浙江省数字贸易发展总体呈上升趋势。章迪平进一步基于技术—组织—环境（Technology-Organization-Environment，TOE）框架和灰色关联度模型探讨了数字贸易发展水平的影响因素，实证研究发现：信息化水平、产业结构、政府支持力度、经济发展水平、对外贸易开放水平均能影响浙江省数字贸易发展，其中信息化水平影响最为显著，而对外贸易开放水平的影响最小。

第六节　相关数字贸易研究评述

跨境电子商务作为数字贸易的典型代表，已经逐渐展现其旺盛的生命力。从目前来看，各国学界、政界、业界尚未对"数字贸易"这一概念达成共识。因此，现阶段的数字贸易仍然处于初级阶段，产业建设、法律规则、国际治理的垂直整合力度不够。

现有成果在理论层面上，偏重在法律框架下对数字贸易进行宏观分析，忽视了数字贸易研究是融合法律、贸易、金融、技术的综合性研究。数字贸易并非简单的货物交易活动，其突出强调数字技术与传统产业的融合发展。跨境电商是数字贸易的一个重要内容，同时也是一种最常见的表达形式。在研究跨境电商模式过程中，也会遇上诸多困难和挑战，涉及清关方式、税收政策、物流渠道等。相关定义和法律法规的缺失，使得数字贸易在发展趋势下的建设行为缺少理论依据，试验过程缺乏系统梳理。全球在新冠疫情背景下，数字贸易等新经济模式值得重点关注，这对在传统国际经济理论下处理各国之间的经贸冲突研究和创新变革传统 WTO 下国际贸易经济理论，均是关键路径。以中国为代表的新兴经济体，在原有世界经济格局中的诸多行为受到质疑挑战。在由新一代数字技术引发的数字贸易改革轨道上，在全新实践的基础上探索实践数字贸易的内涵特征，形成一个被原世界贸易体制下各有关利益方所普遍认可的"数字贸易"框架方案，具有重要意义。

综上所述，数字贸易的概念、内容建设和规则制定问题并不是"电商＋贸易"的简单扩充。因此，我们需要对现有的数字贸易方案进行积极的探索和实践。本书对"数字贸易"的时代特征、价值与理论进行了深入探讨与分析，希望为后续相关理论研究提供参考。

第四章　数字贸易新规则研究

随着互联网技术的发展，传统的经济贸易形势已经发生了深刻的变化，数字化成为新时期世界经济和国际贸易发展的新趋势。作为数字经济的核心，数字贸易将成为未来贸易的主要方式，数字贸易规则也作为二十一世纪国际经贸新议题而越来越多地被涉及。本章从数字贸易规则概述入手，阐述了数字贸易规则的新内容，探讨了数字贸易新规则对我国外贸发展的影响与我国应对数字贸易新规则的对策。

第一节　数字贸易规则概述

（一）数字贸易规则概述

当前，数字贸易发展迅猛，数字贸易在全球价值链上的发展同样至关重要，数字产品贸易作为有别于货物贸易和服务贸易的第三种贸易方式，正在以不同方式改变着全球价值链的运行轨迹，改变着全球价值链利益分配格局。数字贸易大致以两种形式重塑着全球价值链：首先，数字产品取代了部分传统货物和服务产品，形成数字产品的价值链；其次，数字产品嵌入全球价值链后，改变了传统货物和服务产品的部分价值链环节。在这种态势下，全球数字生态系统需要全球性的数字贸易规则来维护，数字贸易规则制定权的争夺决定了数字时代的贸易利益分配。

数字贸易的特点是：第一，新型数字产品（3D打印和工业互联网）正在颠覆价值链的全球分布体系和全球贸易利益分配。作为新一代数字产品的代表，3D打印产品和工业互联网正改变着传统的大规模生产方式，全部或部分替代了现有的全球供应链，最终将改变制造业的全球分工体系。第二，数字产品内容不断演化出新的中间品，通过自主制造和外包形成多种形式的内容平台，并主要以无线方式不断向移动用户端发展。第三，数字产品不断改造着传统服务业和制造业，通过中间数字产品的嵌入，使其产品或者服务不断满足消费者的需求，并不断降低产品的生产成本，提高产品的生产效率。

1. 数字贸易的概念

数字贸易产生的基础是数字产品（Digital Products）。但由于数字产品的边界和外延尚不清晰，目前全球还没有专门关于数字产品交易额的统计。2013年7月，美国国际贸易委员会（USITC）在《美国和全球数字经济中的数字贸易》报告中率先对"数字贸易"这一概念做出界定。数字贸易被定义为依托互联网传输为基础，以数字交换技术为手段，而实现的以数字化信息为贸易标的的产品和服务的商业模式。数字贸易可以大量缩短从生产到终端用户之间的物流时间，降低生产和中间环节的营销成本，为企业创造了新的利润空间，可有效提高社会生产力。这是一个较为宽泛的定义，既包括国内通过互联网传输的产品和服务，也包括了在国际层面利用互联网传输的产品和服务。数字贸易涉及范围广泛，分类较为复杂，主要包括以下四个方面的内容，一是数字化交付内容，如音乐、游戏、影像、书籍；二是社交媒体，如社交网络网站、用户评价网站等；三是搜索引擎，如万用搜索引擎、专业搜索引擎等；四是其他数字化产品和服务，如软件服务、在云端交付的数据服务、通过互联网实现的通信服务、在云端交付的计算平台服务等。

2. 数字贸易的特征

数字贸易与传统贸易相对比，主要体现为以下三个方面的特征。第一，数字贸易依托互联网技术，以数字交换技术为手段，以互联网通信为媒介，优化了贸易体系、简化了贸易流程、增加了贸易机会。第二，数字贸易对象多为知识产权密集型的产品和服务，具有高知识、高技术、高互动、高创新的特征。通过不断创新的数字化贸易标的，实现供需双方的高度互动。第三，随着云计算、工业互联网、社交网络等数字产品的不断涌现，拓展和扩充了数字贸易产品和服务的种类范围，数字贸易形式不断增加。因此，数字贸易给基于传统贸易构建的国际贸易体系机制、规则制度、监督执法等方面都带来了巨大的冲击与挑战。

3.数字贸易的定性之争

关税及贸易总协定（GATT）对货物的分类是 HS（Harmonized System），GATS 对服务的分类是《服务部门分类表》，从这两个分类来看，数字贸易产品既不属于货物贸易也不属于服务贸易，数字化产品贸易是一个跨越 GATT、服务贸易总协定（GATS）、《与贸易有关的知识产权协定》（TRIPs）的交叉问题。显然，WTO 对数字贸易的规制还未统一立场，不能满足全球数字贸易迅猛发展所带来的规制需求，这就促使许多 WTO 成员转而在特惠贸易协定中制定相关规则。

在 WTO 体系内不能解决数字贸易产品的规制问题，根本在于 WTO 框架下对数字产品的保护差异。基于不同的利益考虑，这种差异主要表现在以下三个方面。第一个方面表现在 GATT 规则对货物的保护，第二个方面表现在 GATS 规则对服务的保护，第三个方面表现在 TRIPs 规则对知识产权的保护。

（1）数字产品适用于 GATT。作为电子商务大国，美国一直主张将数字产品归类为货物，适用于 GATT 规则，从而推行电子商务自由化和倡导零关税政策。早在 1997 年，美国就通过《全球电子商务纲要》输出其价值观念，以自由贸易协定的方式开拓规制数字产品贸易规则的先河，而将数字产品归属为 GATT 更有利于贸易自由化。另外，电子化产品通常与有形物体相结合，具有消费的持久性和媒介的独立性，这意味着数字贸易应被视为货物而不是服务。

（2）数字产品适用于 GATS。欧盟的一些国家强烈反对美国的主张，将数字化产品归属为服务，适用于 GATS 原则。这些国家认为 GATS 相比 GATT 拥有更多充分的承诺，提供了更为有利的贸易框架，更有利于数字化产品的自由发展。欧盟一些国家的主张获得了许多 WTO 成员的支持，并且同经济合作发展组织（OECD）的理念一致。欧盟国家与美国的分歧主要存在于数字化产品中的数字化交付信息与非数字化商品上，如果一项数字化产品没有物理属性，那么 GATT 中的《商品名称及编码协商制度》（HS）就不能为该数字产品提供任何恰当的类别，由于缺乏合适的种类，将其归属于 GATS 是最佳选择。通过电子形式传输的数字化产品应该适用 GATS，对于非数字化商品，该分类原则也是恰当的。同时，数字化产品适用于 GATS 框架对包括我国在内的发展中国家无疑也是更为有利的，因其在某些领域的具体承诺有助于发展中国家谋求更好的市场准入条件，而 GATT 没有解决这些方面的市场准入问题。

（3）数字产品适用于 TRIPs。WTO 的某些成员主张数字化产品既非货物贸易，也非服务贸易，应以 TRIPs 来规范数字化产品。这些 WTO 成员认为这些贸易的价值在于知识产权保护的思想和内容的交易。其中唯一涉及的服务很可能是将其内容从 A 国传送到 B 国的分销服务。当跨境购买某软件时，购买的不是软件本身，其程序本身归知识产权人所有，实际购买的则是使用该程序的一种许可。因而有人认为这一贸易形式应属于 TRIPs。

（二）数字贸易规则的演变

WTO 框架下对电子商务议题的研究始于 1996 年 WTO 首届部长级会议，并且通过了《贸易与信息技术产品部长宣言》（ITA）。这份宣言由 42 个国家共同签署，其主要的谈判成果是形成了一系列的电子传输免征关税延期的决定。1998 年在日内瓦召开的 WTO 第二次部长级会议通过了《全球电子商务宣言》并敦促总理事会"制定一个全面的工作计划以考察所有电子商务的问题"，并在 1998 年 9 月的特别会议上，总理事会制定了上述的有关电子商务的工作计划，并由 WTO 下属的分支机构分别执行。从 2000 年开始，美国—约旦 FTA 开始包含第一个具有非约束力的电子商务章。2001

年 11 月举行的多哈会议将电子商务正式纳入新一轮的谈判议题，并且重申《全球电子商务宣言》所规定的 WTO 成员方对电子商务暂时免税的做法，并要求各成员继续维持此做法至少到 2003 年墨西哥举行的第五次部长级会议之前。2003 年美国—新加坡 FTA 中出现了第一个有约束能力的电子商务章，且同年美国与智利签订的有关数字产品贸易协定与交易规则标志着数字贸易新规则的形成。2006 年的《韩美自由贸易协定》给出电子商务领域的规则已经足够完善，包含从数字产品到跨境传输等 9 个方面的条款。最近几年，由美国主导的双边贸易协定率先以专章的形式给出电子商务的定义，除"电子商务章"外，数字贸易规则也循序发展至"信息技术合作章""知识产权章""投资章""跨境服务章"等。近几年，三个大型自由贸易协定：跨太平洋伙伴关系协定（TPP）、跨大西洋贸易与投资伙伴协定（TTIP）、国际服务贸易协定（TISA）对数字贸易规则的谈判尤为活跃，制定的相关规则会成为全球贸易规则的最新内容。目前，TPP 协议中出现了完整的数字贸易章，增加了电子商务专章在源代码、跨境信息流动、计算设施的位置等方面的更高标准条款。正在谈判的 TTIP、TISA 致力于更加细化和深化的细则，但美欧等西方经济体在数据本地化和跨境数据流动等问题上的巨大分歧阻碍了谈判的推进。

第二节　数字贸易规则的新内容

近年来，全球数字贸易发展迅猛，但数字贸易规则的制定则远远滞后于实践。这一问题日渐受到发达经济体的重视，数字贸易规则制定出现诸多动向。但数字贸易新规则的标准和自由度远远超出了很多发展中国家的承受能力，也与发展中国家在全球经济中的责任和义务不相符，限制了发展中国家的发展。

（一）第一代数字贸易规则

数字贸易的第一代规则包括"电子认证和电子签名""无纸化贸易""透明度义务"以及"数据传输免关税"等。这些早期的数字贸易规则内容相对简单明确，容易被大多数国家所接受。

（二）第二代数字贸易规则

随着信息技术的发展和普及，数字贸易涉及的范围越来越广、服务的种类也越来越多。在谈判的大型区域贸易协定中，由美国倡导的数字贸易规则已经自成一派。数字贸易规则在区域层面力推以"数据自由流动""数据存储非强制本地化""网络互操作性""个人信息保护"等为代表的第二代数字贸易规则，这些与第二代数字贸易规则相关的新议题在一系列的超大型区域自贸协定（Mega—FTA）谈判中频频出现，成为全球数字贸易规则谈判的关键所在。

1. 有关数字贸易规则的协定

数字贸易的新规则具体体现在如下的协定中。

（1）美国现有的自由贸易协定（FTA）

自 2003 年与新加坡签署协定以来，美国就在其自由贸易协定中规定了电子商务章节。美国自由贸易协定中的电子商务章节通常以认识到电子商务作为经济驱动因素和消除电子商务贸易壁垒的重要性开头。大多数章节包含有关数字产品非歧视、禁止关税、透明度、中小企业等领域合作、跨境流动和促进开展电子商务对话的规定。一些自由贸易协定还规定了消费者保护合作，提供电子认证和无纸贸易等内容。所有自由贸易协定均包含了例外条款，确保成员方能实现合法的公共政策目标，从而保护了监管的灵活性。

美国自由贸易协定电子商务章节第 1 条："缔约方认识到电子商务带来的经济增长和机会，避免阻碍电子商务使用和发展的重要性，以及 WTO 协定适用于影响电子商务的措施。"

在已经生效的美国自由贸易协定中，美韩自由贸易协定（KORUS）规定了最新的数字贸易规则。除了之前自由贸易协定的相关规定，美韩自由贸易协定还规定了访问和使用互联网确保消费者选择权和市场竞争的条款。最重要的是，美韩自由贸易协定是美国自由贸易协定中首个明确处理跨境信息流动的协定。其电子商务章节中承认了跨境信息流动的重要性，防止对跨国数据使用构成障碍，但没有明确提及本地化要求。美韩自由贸易协定的金融服务章节还包含一个具体的可执行承诺，允许"在机构的正常业务过程中需要进行数据处理"的情况下进行跨境数据流动。

（2）《跨太平洋伙伴关系协定》（TPP）

《跨太平洋伙伴关系协定》（TPP）是12个亚太国家（包括发达国家和发展中国家）倡导的自由贸易协定。该协定对美国具有经济和战略意义，于2016年2月4日正式签署。美国国会必须通过执行立法，TPP协定才能在美国生效。在考虑TPP时，美国国会需权衡该协定在实现TPP谈判数字贸易目标方面是否取得足够进展，值得通过执行立法。

在国际互联网法仍处于初始阶段的时刻，TPP成员国领先美韩自由贸易协定和早期美国自由贸易协定中的数字贸易规则，率先制定了关于电子商务的规则。TPP协定要求成员国政府允许信息和数据"全面"跨境自由流动；禁止强制性的服务器（数据存储设备）、技术（源代码）与服务本地化；禁止对电子传输征收关税或实施其他歧视性措施；禁止将技术转让作为允许营运的先决条件；加强电子商务领域消费者权益（特别是隐私与个人信息）的保护；促进电子交易和贸易的便利化。TPP电子商务章节的首要目标为：一是在互联网向商业开放、确保数据信息自由与保护消费者和用户隐私及安全上寻求以开放为主导的妥协点；二是确保美国及在互联网硬件技术及软件应用方面的领先地位；三是满足全球价值链的要求。2016年5月，美国国际贸易委员会在为美国国会提供的评估报告中称，TPP所有措施中，电子商务部分是最新颖的。

（3）《跨大西洋贸易与投资伙伴协定》（TTIP）

TTIP是美国和欧盟在2013年启动的谈判，旨在减少和消除货物、服务和农业方面的关税和非关税壁垒，扩大世贸组织的承诺，制定全球贸易规则，以及处理新议题。数字贸易作为关键领域，对跨大西洋贸易意义重大。

如果 TTIP 谈判继续下去，就可处理数字贸易的若干领域问题。除为数字产品提供增强的市场准入规定外，潜在的 TTIP 可涵盖解决数字贸易非关税壁垒的承诺。监管合作的条款可包括行业具体承诺（如 ICT 行业）和横向承诺（如利益相关方参与、透明度）。美国和欧盟具有"不同的法律传统、监管路径和市场结果"，以及不同的限制跨大西洋数字经济一体化的决策方式。另一个重点领域是制定数字贸易的规则和纪律，如关于促进跨境数据流动和处理本地化要求（如数据存储或服务器位置要求）的承诺。TTIP 的其他特征包括保护和实施版权等知识产权的规则，对互联网服务提供商（ISP）责任限制和"合理使用"例外的平衡。这些知识产权规则可防止强制转让源代码，对网络盗窃规定了刑事诉讼程序等。

（4）《服务贸易协定》（TISA）

《服务贸易协定》（TISA）是少数 WTO 成员组成的次级团体，于 2011 年成立，在世贸组织之外进行，于 2017 年结束谈判。TISA 的 23 个成员占世界服务贸易总额的 70%，包括美国、欧盟、澳大利亚等，还涉及一些非成员方，比如一些关键的主要新兴市场（包括巴西、中国和印度在内）。

虽然 TISA 中非歧视（MFN）适用于所有服务行业，但与 TPP 不同之处在于 TISA 的市场自由化承诺以一种混合方式进行谈判。TISA 针对服务市场自由化的具体市场准入义务采用正面清单方式进行谈判，参加方"选择列入"特定服务行业，而国家待遇义务则以负面清单方式进行谈判，参加方可以"选择勾除"某些行业或子行业。混合方式的谈判使得新发明或行业创新不会涵盖在 TISA 之下，是否将其列入 TISA 是未来数字贸易所要关注的。

TISA 与 TPP 的规定类似，在数字贸易或电子商务的章节或附件都涉及处理跨境数据流动、消费者在线保护、可互通性等方面的贸易壁垒问题。在 TISA 最终结构和涉及范围谈判的过程中存在两个障碍。一是欧盟不愿提出一项数据流动的建议，二是欧盟不愿承诺 TISA 的非歧视义务涵盖"新服务"（其中许多可能是数字化服务）。

TISA 成员不必改变成员现行的法律，就数字贸易议题开展监管合作和持续对话。谈判者可决定在网络安全问题上进行国际监管合作，或者在 TPP 中支持中小型企业。

（5）其他国际数字贸易论坛

鉴于数字世界的交叉性，数字贸易问题涉及隐私、国家安全等其他政策目标和优先事项。尽管美国是国际贸易规则谈判的积极参与者和制定者，并用国际贸易协定向贸易伙伴施压，但多边贸易协定并没有适应数字贸易的复杂性，并且并非每个国际贸易伙伴都能够或愿意遵循这些承诺。尽管世界贸易组织（WTO）没有关于数字贸易的综合性协定，但一些 WTO 协定的确涵盖了数字贸易的一些方面。最近的双边和多边协定已经开始更明确地处理数字贸易规则和障碍。

二十国集团（G20）。应对当今时代挑战、塑造联动世界是二十国集团参加国际合作主要论坛的共同目标，数字问题也被列入二十国集团的议程。在 2015 年安塔利亚峰会上，二十国集团领导人发表了一项包含互联网经济新规则的声明，该声明认识到信息技术及其使用对安全的威胁，这种威胁削弱了世界经济的增长和发展，确认不采取或支持窃取信息通信技术来获得竞争优势，尊重自由原则，保护信息安全。中国作为 2016 年二十国集团主席国，首次将"数字经济"列为 G20 创新增长蓝图中的一项重要议题，并将"构建创新、活力、联动、包容的世界经济"作为主题，最终形成了《G20 数字经济发展与合作倡议》，进一步助推数字贸易的发展。

七国集团（G7）。2016 年 4 月，七国集团召开了第一届信息通信技术（ICT）部长会议。会议发表了联合声明，强调了基础设施投资、数字素养、可接入性的重要性，并就数据流动、数据本地化和源代码保护等议题开展讨论。2017 年将由意大利主持七国集团会议，将继续参与数字贸易的相关工作。

经合组织（OECD）。截至 2015 年，80% 的经合组织成员都制定了有关数字贸易的国家战略或者部门政策，构建了数字经济国家战略框架。2016

年 6 月在墨西哥举行了主题为"数字经济：创新、增长和社会繁荣"的部长级会议。会议通过发展数字贸易，发展 ICT 部门，构建开放的互联网和数据流，提升民众数字素养，解决诸如数字信任和劳动技能等问题。会议通过的部长宣言承认数字经济的正在加速与经济社会各领域深度融合，已经成为引领经济社会发展的先导力量。该宣言致力于以一种社会效益和经济效益最大化的方式发展数字贸易，并警惕数字贸易在一些领域（如隐私、就业）的负面影响。

亚太经合组织（APEC）。美国通过在亚太经合组织论坛上探讨数字贸易带来的机遇和挑战，制定高级别的数字贸易规则，推动数字贸易工作。亚太经合组织电子商务指导小组（ECSG）协调亚太经合组织的电子商务活动，旨在为电子商务创造可靠、安全的信息技术环境。在 ECSG 框架内，亚太经合组织正发挥其孵化器的作用，制定和实施一个与现有 APEC 隐私框架一致的跨境规则体系。亚太经合组织一贯支持以规则为基础的多边贸易体制并发挥引领作用，将使得太平洋两岸处于不同发展阶段的经济体广泛受益。

2. 新的贸易协定中的数字贸易新规则

随着数字贸易的快速发展，对全球性的贸易规则的需求日益增长，全球数字生态系统需要全球性的数字贸易规则来维护。目前在多边贸易领域，WTO 尚未达成数字贸易方面的规则，虽然区域贸易协定中没有专门的数字贸易规则，但电子商务规则中却有所体现，其章节限制了数字产品的定义、贸易规则以及贸易方式等。

在电子商务章节，TPP 缔约方承诺，将在确保保护个人信息等合法公共政策得到保障的前提下，确保全球信息和数据自由流动，以驱动互联网技术和数字经济的发展。另外，TPP 12 个缔约方也同意，不将设立数据中心作为 TPP 缔约方企业进入市场的前提条件，也不要求转让或获取软件源代码。本章禁止对电子传输征收关税，不允许缔约方以歧视性措施或直接阻止的方式支持本国类似产品的生产商或供应商。为保护消费者，TPP 各缔约方同意实施针对网上诈骗和商业欺诈行为的消费者保护法，并确保隐私和其他消费者权益的保护措施在 TPP 缔约方市场得到执行。各缔约方有义务采取措施阻止推销性质的商业电子信息。为促进电子商务发展，本章鼓励各缔约方促进企业和政府间的无纸化贸易，如电子海关单据。同时，本章还包括了商业交易的电子认证和电子签名条款。TPP 各缔约方对本章部分义务做出了不符措施保留。TPP 12 个缔约方同意帮助中小企业从电子商务中受益。本章还鼓励就个人信息保护、网上消费者保护、网络安全和网络安全能力等方面开展政策合作。

（1）跨境数据流动规则

2016 年 2 月 4 日，智利、澳大利亚等 12 个成员国部长级代表在新西兰奥克兰市正式签署了《跨太平洋伙伴关系协定》(TPP)。TPP 协定为实现"全球信息和数据自由流动"，对传统"跨境自由流动"的概念进行了如下扩展：淡化国境概念，强调信息和数据自由流动的"全球性"；在合法公共政策目标（如确保对个人信息保护）得到保障的前提下，强调信息和数据流动的"自由性"。这将有助于确保作为互联网和数字经济驱动力的全球信息及数据的自由流动，这些承诺与市场准入及国民待遇等其他承诺将一起防止随意屏蔽网站等不合理的限制措施。

TPP 14.11 条规定了通过电子方式进行的跨境信息传输，即跨境数据流动。

第 1 款指出"各缔约方认识到每一缔约方对于通过电子方式跨境传输信息可能有各自的监管要求"。

第 2 款规定"当通过电子方式跨境传输信息是为涵盖的人执行其业务时，缔约方应允许此跨境传输，包括个人信息"。

本条第 3 款指出"本条不得禁止缔约各方为实现合法公共政策目标而采取或维持与第 2 款不符的措施，前提是该措施：（a）其实施并未构成任意或不合理的歧视或构成对贸易的变相限制；及（b）对信息传输所施加的限制并未超过为实现合法目标所必需的限度"。

在数据流动方面，尽管美国已退出 TPP，但是 TPP 中跨境数据流动在内的这些规定已经成为不少国际协定电子商务章节的范本，也在一定程度上代表着未来数字贸易国际规则的发展方向。

（2）数据存储设备非强制本地化规则

数据存储设备强制本地化和信息保护这两个议题经常同时提出，有很强的关联性。本地化采用的是一种域外监管的方式，可以在一定程度上避免本国信息被外国窥视，有效保护信息隐私。美国在其主导的双边及区域贸易协定中，一贯明确反对"数据存储当地化"政策，以减少互联网"割据化"对其信息产生的威胁。

TPP协定首次对解决数据存储本地化做出承诺，协议第14.13条"计算设施的位置"中的第2款是专门的"禁止数据存储设备和存储技术强制当地化"的规定："缔约方不得将要求涵盖的人使用该缔约方领土内的计算设备或将设施置于其领土之内作为在其领土内从事经营的条件。"本章保障公司无须在其每一个服务目标市场建造价格昂贵且不必要的多余数据中心。数字经济中资本和能源集中型的数据中心往往服务于多个国家，而规模数字经济恰恰依赖于这一灵活性。

（3）数据源代码的非强制本地化规则

源代码是编写的最原始程序的代码，是程序员编写程序的过程中使用的语言。对数字产品来说，其核心在于产品的源代码。数据源代码非强制本地化的措施可以禁止当地政府获取源代码，有效阻止源代码泄露，保护知识产权。禁止源代码的公开，一方面会造成程序的重复和浪费，使得很多发展中国家承担较多的开发成本，无法实现其快速发展；另一方面，该举措对国内知识产权体系较完善、拥有大量高端软件开发技术的发达国家十分有利。

美国在TPP协议的第14.17条"源代码"的第1款中对数据源代码的非强制当地化有如下约定：缔约方不得将数据源代码强制当地化，作为另一缔约方在其领土内进口、分销、销售或使用该软件及包含该软件的条件。

第2款第1条所包括的软件仅限于大众市场软件，而不包括用于关键基础设施的软件。

本条不得阻止（a）在商业谈判的合同中包含或实施的关于源代码的条

款和条件；或（b）缔约方要求修改软件源代码，使该软件符合本协定一致的法律或法规。本条不得理解为影响专利申请或授予的专利的有关要求，包括司法机关做出的任何关于专利争端的判决，但应遵守缔约方保护未授权披露的法律。

在美国主导的另一个多边谈判 TISA 中，日本也表达了包含上述条款的提议，旨在禁止政府要求企业提供其软件的源代码，关键基础设施被排除在外，但遭到哥伦比亚的强烈反对，并且此文本在修改几次后也没有得到其他 TISA 成员国的附和。

（4）禁止对电子传输征收关税或实施其他歧视性措施

本章禁止向数字产品征收关税，以确保以电子形式分售的软件、音频、视频、电子书及游戏等产品不处于不利地位。禁止对电子传输（包括不同缔约方 P2P 的内容电子传输）征收关税，不允许缔约方以歧视性措施或直接阻止的方式支持本国类似产品的生产商或供应商。相关条款防止 TPP 国家通过差别征税、直接屏蔽或其他内容歧视措施支持本国相关产品的生产商或供应商。

（5）消费者线上保护规则

TPP 协定首先强调消费者保护的必要性，进一步加强了在跨境电商交易过程中对消费者的保护，要求成员国采取多种方式加大保护力度。首先，在立法上，TPP 要求成员国制定在线消费者保护法，保护消费者在进行电子交易时免受诈骗和商业欺诈的侵害，其立法要求范围超过美韩自由贸易协定。

美国在 TPP 协议第 14.7 条第 1 款指出：各缔约方认识到采取和维持透明及有效的措施，及保护消费者进行电子交易时免受 16.7.2 条（消费者保护）所指的诈骗和商业欺诈行为侵害的重要性。

第 2 款规定：每一缔约方应采取或维持消费者保护法，禁止对线上商业消费者造成损害或潜在损害的诈骗和商业欺诈行为。

本条第 3 款指出：各缔约方应认识到各国消费者保护机构或其他相关机构在跨境电子商务相关活动中开展合作以增强消费者福利的重要性。

其次在保护消费者隐私方面，TPP 单独列出了个人信息保护条款：要求各缔约方认识到保护用户个人信息的经济和社会效益，及其对增强消费者对电子商务的信心所发挥的作用。为此，每一缔约方应采取建立或维持保护用户个人信息的法律框架。在建立对个人信息保护的法律框架过程中，每一缔约方应考虑相关国际机构的原则和指导方针。鼓励 TPP 成员国开展消费者保护（包括隐私及网络安全）方面的合作。另外，各国还应采取措施阻拦未经接收者同意的垃圾商业电子信息（包括垃圾邮件）的条款，将非应邀商业电子信息减少到最低程度，努力对非应邀商业电子信息进行监管，在共同关切的适当事件中进行合作。

第三节　数字贸易新规则对我国外贸发展的影响

在数字贸易发展、产业互联的进程中，传统小额外贸实现了在线交易，对传统贸易造成了冲击，贸易在数字化进程中进入了"浅水区"。未来，随着国家供给侧结构性改革的深入，产业转型升级，越来越多的传统企业将通过拥抱互联网融入数字贸易中，并进入"深水区"，从而完成从消费互联网到产业互联网、从跨境电商到数字贸易的进程。未来外贸出口如何融入数字经济发展大潮，又该如何利用数字技术开创全新的发展局面，是所有外贸从业者要思考的问题。

（一）数字贸易新规则对我国外贸发展的积极影响

1. 对我国货物贸易的影响

互联网和跨境电子商务所具有的跨地域与跨时间的双重特性有助于市场通过全球化连接成一体。新的数字贸易规则及信息技术的进步和应用共同促进全球贸易数字化，推动全球投资贸易自由、规则更加开放透明，促进产品的生产和流通全球化，带来生产和贸易的规模经济，重塑全球贸易格局、全球贸易关系、贸易市场和商品结构。

（1）有利于货物贸易的发展

作为世界工厂和世界人口第一的大国，中国不仅是制造业大国还是消费大国。在过去的几十年中，中国经济依托货物贸易取得了迅猛的增长。近年来，"互联网+外贸"孕育了跨境电商这一新的外贸模式，外贸企业依托以互联网为代表的信息通信技术，直接参与国际贸易。截至2017年6月，我国电子商务占全球电子商务交易额的39.2%，跨境电商增速为33%，高于国内电子商务增速的24%。跨境电子商务已成为我国经济增长和外贸增长的新动能，并且发展潜力巨大。但从总体上看，目前我国跨境电子商务仍以货物贸易为主，服务贸易进出口所占比重较低。在数字贸易领域，中国基于互联网的设施优势、用户优势、应用优势等比较优势，通过数字化的方式发展货物贸易，有助于企业实施"走出去"战略，促进了货物贸易的发展。

（2）有利于中小企业的发展

在传统的对外贸易模式下，出口商品将供应链从生产端向销售端层层推压，制造商的利润被多重环节拉长稀释，从而增高了中小企业参与全球贸易竞争的壁垒。随着跨境电子商务和新一代信息技术的爆发式发展，互联网与跨境电子商务对接，中小企业与境外消费深度互动，推动形成了开放、生态、协同的电子商务产业系统。在不断创新的贸易方式下，信息化、智能化、网络化、标准化、柔性化的新常态降低了中小企业进入全球价值链的门槛，现代企业转而以产品开发和品牌创造为中心，提供高效率、低成本的增值服务，将关注点从生产和供给本身向更符合消费者的消费模式和需求的方向转变。在全球贸易中，中小企业以其灵活多变的经营方式快速适应个性化和多样化的消费趋向，正逐渐成为强有力的全球经济塑造者。此外，跨境贸易平台为中小企业融入全球价值链，融入共建"一带一路"倡议提供了可能。我国数字化行业正处于转型的关键时期，越来越多的中小企业在现代产业体系中加快了国际化的进程，利用跨境电子商务平台创造出新的商机、建立自有品牌。

（3）有利于获得对外贸易竞争优势的新手段

近年来，跨境电商的发展保持了年均30%的增速，正在成为我国新的外贸方式、新的交易模式和新的经济增长点，推动了我国外贸的转型升级。在传统竞争优势削弱的形势下，我国跨境电子商务在各个领域的应用逐步被扩展和深化，产业融合趋势日益明显，提高了我国对外贸易竞争优势。在中国，围绕消费者提供的信息和通信技术（Information and Communication Technology, ICT）服务，不断升级。国际直邮、保税备货、自贸区保税展示销售等多元化服务方式并存。B2B电子商务交易作为投资与创业的热点，具有较大的发展潜力，我国B2B、B2C模式在充分利用海外仓、海外营销中心和体验店闲置资源的基础上，集产品体验和售后服务于一体，积极拓展盈利空间。从制造商到消费者（M2C）、从制造商到制造商（M2M）、从制造商到经销商到消费者（M2B2C）等有利于做大跨境电商交易额，提高海外用户的体验感。我国中小企业可以借助新规则抢占跨境电子商务先机，引领生产和供给向更加符合消费者需求和消费模式的方向转型，实现从"世界工厂"到"世界商店"的转型。数字贸易通过将海量的、及时的数据标准化过滤，将无结构的信息从无序变得有序，创建直接贸易流程，使企业减少流通渠道、直接面对用户。同时，我国中小企业可以在数字贸易平台上以极低的获客成本，共享所有的客户资源，使其数据存储和分析的成本大大降低，而只有调度数据的费用，这样就会大大增加金融机构向中小企业提供信贷保证的机会。

（4）有利于带来进出口贸易的新机遇

当前，我国经济发展迅速，能够率先突破贸易壁垒完成数字化转型的企业，就可在新时代的市场中称雄。数字化转型成为中国企业转型升级的必由道路，而数字化转型战略的所有基础则是大数据。大数据时代的背景下，数据成为企业核心资产，规模巨大的数据以及强大的网络平台有助于企业在获取大量信息的同时节省人力和物力，进而接触到更大的顾客群。很多传统出口企业都已经意识到传统线下贸易难以跟时代接轨，为了促进新形势下的贸易发展，我国一些中小企业开始向线上电子商务平台发展，利用跨境电商将地方特色产品推向更广阔的国际销售市场,将"中国制造"推向更大、更高的舞台。信息的快速传递,不仅使得企业降低了交易成本,提升了交易率,为外贸企业和目标客户开创了双赢的局面,也促使了我国外贸企业自觉优化出口商品结构,加速转型升级,并逐步树立自有品牌意识。如今中国商品正向"中国品牌"进行升级,以技术、质量和服务提高中国品牌的市场竞争力,实现品质"出海"。

(5)有利于加快企业数字化转型

在信息化和大数据迅速发展的背景下,我国外贸发展迎来了难得的新机遇。数字技术已经使外贸行业进行重构,通过互联网将企业进行串联,借助信息数据发挥协同作用。外贸企业可以借助互联网、科技和信息技术促进产品出口,由粗放型管理的传统企业升级为现代化管理的智慧型企业,利用信息化突破阻碍发展的瓶颈。

2. 对我国服务贸易的影响

随着互联网技术和数字交换技术的发展,服务贸易模式不断创新,服务数字化成为服务贸易发展的新趋势,服务和服务业已进入数字化时代,数字贸易激活了新型服务外包模式。

(1)有利于打造服务贸易的新增长点

当前全球新兴服务出口贸易保持迅猛发展态势,高附加值服务进出口贸易保持高增长,传统服务领域增速出现明显分化,新兴服务贸易开始挤占传统服务的市场。互联网技术的发展作为新兴服务贸易增长的主要动力之一,借助跨境电商平台,进一步推动了新一代服务贸易规则的形成。区域链、大数据、物联网、人工智能等新技术的不断涌现,极大提高了服务的可贸易性,成为服务贸易的新增长点。在服务贸易的新优势逐渐形成的趋势下,跨界融合已成为服务贸易业态创新、商业模式创新的主旋律。

(2)有利于加快服务贸易的数字化

数字化时代服务贸易创新不断加快,成为价值链中竞争力的来源。在信息网络、虚拟现实、云计算、物联网、3D打印等高新技术驱动下,服务贸易数字化趋势越来越明显。目前跨境交易的服务有一半以上已经实现数字化,交易成本大大降低,交易内容大大丰富,贸易所及的地域范围也大大拓展。例如，互联网作为中国发展新动能的重要来源，正在与越来越多的传统行业进行深度融合，成为当今技术创新、服务创新、业态创新最为活跃的领域。另外，生态云计算在保证安全性的同时，正在改变着产业运行模式和信息通信服务的提供方式，为经济中的生产和支付保驾护航。

（3）有利于创新服务外包合作的模式和内容

数字经济社会中的企业顺互联网大势而为，用互联网思维来进行企业产品和服务的创新。企业的互联网转型将使得发包企业在能力和合作模式方面对接承包商有不同以往的新要求。以驱动互联网和数字经济发展为目标的数字贸易规则，如TPP协定第14章，对电子认证和电子签名、电子商务网络的接入和使用原则、通过电子方式跨境传输信息、互联网互通费用分摊、计算设施的位置、源代码等方面都有详细约定。数字贸易的这些规则将有力激发新型服务外包业务内容和合作模式的产生，并为其发展壮大提供机制保障。

（4）有利于增强跨国企业全球发包的意愿

国际领先的大型跨国互联网企业、数字经济企业有着不断在全球扩张其业务运营、产品和服务的需求。跨国数字经济企业在全球的扩张，对各国的法律和监管带来难题，各国政府考虑国家安全问题对数据的跨境流动也在进行程度不一的控制。一些国家采用数据本地化、设施本地化、服务本地化等政策，采用隐私保护、国家安全、税收征收等措施以规制本国的跨国数字经济企业。在兼顾个人信息保护及大数据发展的需要下，确保数字贸易催生的数字贸易新规则的落地实施，将极大提高跨国企业在全球的发包积极性。

（二）数字贸易新规则对我国外贸发展的消极影响

1. 宏观影响分析

（1）有可能形成新的贸易壁垒

高标准的新规则筑起了新形式的各种关税和非关税壁垒，会影响我国的出口规模和经济增长。我国在制定数字贸易规则方面发展滞后，在领先产业中没有能力去制定产业的"游戏"规则和标准，缺乏数字产品和服务在生产、交付、使用等环节过程中的数字贸易法律基础，缺乏监测跨境数据流的标准，监测能力较弱。然而美国加速推动的 TTP 和 TTIP 在太平洋和大西洋两端，囊括了全球最主要的发达经济体及亚太地区一些国家和国家。从经济规模和贸易额看，目前 TTP 成员国的国内生产总值和贸易总量占全球的 40% 左右，而 TTIP 即美欧两大经济体 GDP 总量约占全球的 50%，贸易额约占全球的 30%。目前，TTP 和 TTIP 谈判几乎将我国最主要的贸易伙伴"一网打尽"，中国有可能处于被"边缘化"的危险。两大自由贸易区建成后所带来的"贸易扩大"和"贸易转移"效应，将不利于我国的出口，并会给我国企业贸易投资活动和发展模式带来许多限制和困难，我国的贸易处境将会变得十分被动。

（2）有可能挤压我国服务贸易国际发展的空间

各国数字贸易本土化措施阻碍了数字贸易市场的开放。为了取得竞争优势，各国纷纷以保护隐私或威胁安全为由，采取相关措施阻碍自由贸易发展，在一定程度地抑制了数字贸易的增长。同时，发达国家和少部分发展中国家服务贸易的比较优势是相对绝大多数发展中国家而言的，因而发展中国家为使货物贸易出口抵消服务贸易比较劣势，必然会采取极力扩大货物出口的经营战略，这将使中国货物贸易出口面临来自更多的发展中国家和国际的竞争压力。

（3）面临不利的贸易环境

我国数字贸易在各领域发展不均衡，综合能力较弱，数字贸易产业尚处于起步阶段。数字贸易结构失衡，我国已掌握的核心数字技术难以驱动数字经济的发展，并且我国大多数地区缺少主导产业的龙头企业，产业支撑能力不强，产品和服务质量有待进一步提高。这些因素均不利于我国数字贸易产业健康快速发展，使得我国在新一轮的世界贸易新规则谈判中处于不利地位，较难与国际新规则接轨。国际服务贸易的发展，特别是金融服务和电信服务贸易的自由化趋势，使中国发展本国金融、电信服务业等关键服务部门都将面临不利的竞争局面和不利的贸易环境。

（4）不利于我国的信息安全

近年来，美国向 WTO 提交了电子商务谈判的新提案，率先对跨境信息流动一项提出了相关规则，制定了确保信息无缝跨境流动的非约束性贸易条款。这些条款降低了贸易和信息壁垒，使得信息可以更广泛地传播。然而与其他服务的开放不同，电信服务的开放不仅容易被他国监控，还会使得我国敏感信息遭到泄露，危及国家信息安全。

2. 微观影响分析

（1）不利于形成企业的外贸优势

外贸企业面临着国内外的挑战，尤其是国外数字贸易新规则的挑战。新的贸易规则使得外贸企业的运营环境发生了很大的变化，因不熟悉贸易规则会给我国外贸企业带来巨大的经济损失。网络时代下，跨境电商的优势在于让供应商跳过传统外贸冗长的流通环节，直面终端买家，而出口生产企业完全可以撇开外贸公司，自己利用互联网发布、收集信息，进而直接与海外买主进行贸易，使得外贸公司基于信息非对称的优势随着互联网技术的发展逐步消失。

（2）不利于传统外贸企业利润及出口的增长

我国传统中小外贸企业的整体经营能力不强，主要表现在数据收集能力不足、抗风险能力差、管理能力欠缺、创新意识淡薄四个方面。在数字贸易时代，随着跨境电商市场占有率提高，传统外贸出口企业受到了严重的打击，主要体现在挤压传统外贸企业的利润空间上，使其出口贸易利润减少，阻碍了企业出口的增长。

（3）不利于外贸企业的转型

数字贸易时代的新形势给传统外贸企业的转型添加了未知数。对还未转型的外贸企业，在诸多项目的推进上因其传统思维没有转换，跨境贸易的发展受到限制。对初步转型的外贸企业，产品可能与新贸易规则不匹配，不但影响了转型的中小外贸企业开展业务，而且无法为消费者提供良好的服务。

第四节　我国应对数字贸易新规则的对策

尽管传统的贸易规则仍旧由经济实力发达的美、欧等发达经济体所主导，但随着中国在全球经济贸易格局中地位的日益突出，我国应在全球贸易治理中采取更加主动的态度，推出中国版的数字贸易新规则建议。如何在新一轮技术革新中保持贸易额的稳定增长，进而促进经济的健康发展，将取决于我国的政府、企业和个人合作与创新的程度。数字贸易新规则的构建途径表现在以下几个方面。

（一）政府层面的对策

1. 规范管理，消除制度障碍

（1）构建思路

①优化供给质量，挖掘需求潜力。数字经济需要中国经济结构转型在供给与需求两端发力。在供给侧，我国应以推进供给侧结构性改革为主线，优化信息消费环境，扩大信息覆盖面，深入推进"简政放权、放管结合、优化服务"，增强数字经济发展动力。在数字经济领域我国应率先推进"五证合一"，扩宽"多证合一"改革的含义，减少重复登记的操作程序，给企业更多的便利同时，以PPP模式助推数字经济领域的发展，允许社会资本通过特许经营等方式参与数字经济贸易，实现更高的经济效率。在需求侧，我国应从线上为主加快向线上、线下融合的新形态转变，推动信息产品供给结构与需求结构有效匹配，繁荣信息内容消费，扩大和升级信息消费，带动多层次、个性化的信息消费，发展体验式消费。

②深化合作交流，拓展发展空间。中国应积极加强与联合国、二十国集团、金砖国家、亚太经济合作组织、上海合作组织等国际组织框架的战略对接协作，创新信息化国际合作思路，建立信息共享机制，组织搭建合作渠道，构建信息技术最佳实践推广全球平台，携手共促数字贸易健康发展。

（2）构建规则

①完善相关法律法规。确保信息安全管理体系真正落到实处。为了保障信息安全，我国要建立一个完善的法律保护体系，做好在数据信息搜集、存储、使用、传播过程中的合法合规工作。国家安全与公民信息安全相互顾及，中国需要继续完善个人信息、电信以及网络基础设施方面的立法，明确信息传播、使用、存储的限制条件，落实数据的安全保护措施，从而最终保护国家安全。

②加快数字经济相关立法进程。数字经济的繁荣需要有利于创新的法律框架支撑，而目前我国在大数据国家层面的立法一直空缺，这不仅不利于继续推动大数据的进一步发展，也影响着我国未来经济建设和城市发展等一系列国家规划的实施。另外，我国在互联网金融方面尚未制定法律法规，我国应积极从规则接受者向规则参与制定者转变，全面深入地研究《跨太平洋伙伴关系协定》《服务贸易总协定》以及与数字贸易等相关的规则，尤其是跨境电商、互联网金融的国际规则，积极参与数字贸易相关规则的构建。在积极参与制定普遍性规则的基础上，对规则冲突进行协调，以期构建体现自身立场的国际贸易规则，发挥引领作用，为创建公平竞争的国际数字贸易环境发挥建设性的作用。

③制定或修订相关法律法规。我国政府应认同互联网的发展趋势，并根据其特性在国际化基础上推进电子商务立法，加强对现有法律法规的释法、修法工作，以增强中小企业在线从事交易的信心。在制定《电子商务法》《数据管理办法》的同时，我国还应加快制定个人信息保护法、网络安全法等配套法律，进一步更新知识产权法律体系和消费者权益保护法等法律中涉及数字产品的相关内容，适应电子商务的发展需求，从而构建起健全的电子商务法律体系。

④积极参与国际规则的制定。通过WTO规则谈判，参与数字贸易新规则的制定。作为电子商务大国，中国可以也有必要在数字贸易相关议题上，利用与欧美等发达经济体在数字贸易领域中存在的严重分歧，积极参与电子商务国际规则的制定，巩固和发展区域标准化合作机制，积极争取占据

国际标准化组织的重要席位。在已具有国际竞争优势的跨境电子商务领域采取主动态势，推出中国版的电子商务规则方案。在此层面上，我国可以从 WTO 和 FTA 两个平台入手，在技术中立原则、网上消费者保护、数字产品关税征收等方面，提出符合自身利益诉求的主张甚至引领相关新规则的制定。在移动通信、下一代互联网、下一代广播电视网、云计算、大数据、物联网、智能制造、智慧城市、网络安全等关键技术和重要领域，积极参与国际标准的制定。

应积极推进共建"一带一路"倡议的实施，主导沿线国家跨境电子商务规则的制定。基于我国已与共建"一带一路"沿线国家建立了上海合作组织（SCO）、中国—东盟"10+1"、亚欧会议（ASEM）、亚太经合组织（APEC）、中阿合作论坛、大湄公河次区域（GMS）经济合作等成熟的多边合作机制，我国应利用共建"一带一路"的契机，主导沿线国家数字贸易规则的制定，并抓住时机将区域性数字贸易规则上升为国际性数字贸易规则谈判的蓝本。

⑤深入研究相关规则。研究借鉴相关规则深化国内改革的可行性，及早做出应对预案与战略调整；研究现有国内法律法规、企业经营行为与发达国家主导的新规则之间的差距，逐步缩小国内与国外标准之间的差距，减少制度摩擦。例如，在"数据非强制当地化"问题中，TPP 协议第 14、13 条的第 1 款提出，在数据非强制当地化的同时要承认缔约国的相关法规。中国可以利用这一规则，运用相关国内法律法规在"数据存储当地化"方面提出自己的主张。

⑥通过"先行先试"，建立国际标准。我国可采取先试点后推广的策略，通过设立跨境电子商务服务试点和跨境电子商务综合试验区等"先行先试"的方式，逐步在跨境电子商务领域形成一系列"可复制、可传播"的经验。随着我国跨境电子商务的快速发展，我国可以将这些标准规范作为自贸区协定谈判和 WTO 多边贸易谈判的范本，并将其推广至国际社会中。

（3）加强监管

①改进数据监管技术，对跨境数据实施分类监管。跨境数据流动促进

了全球数字贸易发展，对经济发展有一定的推动作用，但跨境数据流动、取消本地化存储、禁止要求源代码共享等要求可能会给我国的网络安全带来一定程度上的威胁。因此，跨境数据流动的管理要正确处理经济发展与国家安全的关系，这就需要改进数据监管技术，通过对跨境数据进行分类监管，提高我国网络审查与监管制度的透明度，尽量做到信息公开与程序合法，减轻电子商务企业对网络审查与监管的担忧，为电子商务的发展创造安全的网络环境。

②创新监管方式。建立以信用为核心的市场监管机制，充分利用互联网、大数据、云计算等技术建立立体化、信息化的监管技术体系，提高政府的监管能力、制定符合数字经济发展特点的监管政策，部署在线与远程电子数据的证据采集和分析工作，提高政府的监管能力与水平，为数字经济发展营造公平竞争的市场环境。

③建立系统性风险防范机制。网络已全面渗透到经济社会中，未来还需继续强化数据安全和网络安全，建立风险监测、预警、处置体系，及时发现潜在风险，科学划分风险等级，加强风险自控。

2. 加强创新，培养技术优势

加强创新，推进现代化数字经济发展。数字贸易的发展，只有加强创新，把握技术的源头，拥有自主知识产权，才能在市场竞争中占据主动。作为数字贸易起步较晚的中国，必须加大创新意识的培养力度，创造有利于开拓创新的环境条件，构建数字贸易发展的创新机制，在充分发挥创新效能的基础上，追赶世界发达国家的数字经济先进水平，推进现代化数字经济的高速发展，从而给我国经济发展带来生机和活力。

①构建现代数字技术体系。构筑人工智能等前沿颠覆性技术比较优势，攻克"核高基"等关键薄弱环节，加强"大云物移"等技术创新。推动技术融合创新突破发展，促进数字技术与垂直行业技术深度融合，着力突破机器人、智能制造、能源等交叉领域，带动群体性重大技术变革。

②推动传统产业数字化创新。推动服务领域线上线下融合创新，促进新业态新模式健康发展，大力发展网络化研发、智能化生产、协同化制造

等新模式，利用数字技术发展精准农业、智慧农业，提高农业生产智能化、经营网络化水平。

③支持中小微企业创新。加大对科技型创新企业研发支持力度，落实企业研发费用加计扣除政策，适当扩大政策适用范围。完善技术交易和企业孵化机制，构建普惠性创新支持政策体系。完善公共服务平台，提高科技型中小微企业自主创新和可持续发展能力。

3. 优化人才队伍结构，提升国民利用信息的技能

数字贸易的瓶颈就在于人才的匮乏，因此充足的高质量人才是数字经济深入发展的基础。数字贸易人才的培养需要遵循三个面向，即"面向现代化，面向世界，面向未来"。应对数字贸易人才战，就必须聚天下英才而用之，造就一批思想观念强、创新能力强、能适应我国数字贸易发展的高素质人才。

①造就一批领军人才。依托国家重大人才工程，加大对信息化领军人才支持力度，培养造就世界水平的科学家、网络科技领军人才、卓越工程师、高水平创新团队和信息化管理人才，破除创新能力不足的瓶颈。坚持不懈地挖掘高端人才，建设全球创新人才"栖息地"，制订人才培养和引进整体方案，建立海外人才特聘专家制度，引进国内外高层次人才，探索建立技术移民制度，提高我国在全球配置人才资源的能力。

②扩大专业人才队伍。构建以高等教育、职业教育为主体，继续教育为补充的信息化专业人才培养体系，引进大批全国优秀高校毕业生。在普通本科院校和职业院校中设置信息技术应用课程。推广订单式人才培养，建立信息化人才培养实训基地。支持与海外高水平机构联合开展人才培养。

③完善人才激励机制。采取特殊政策，建立适应网信特点的人事制度、薪酬制度、人才评价机制，打破人才流动的体制界限。拓宽人才发现渠道，支持开展创新创业大赛、技能竞赛等活动，善用竞争性机制选拔特殊人才。完善技术入股、股权期权等激励方式，建立健全科技成果的知识产权收益分配机制。

④提升国民利用信息的技能。改善中小学信息化环境，推进信息化基

础教育。全面开展国家工作人员信息化培训和考核。实施"信息扫盲"行动计划，发挥博士服务团、大学生村官、大学生志愿服务西部计划、"三支一扶"等项目的作用，为经济欠发达地区和弱势群体提供知识和技能培训。

4. 推进数字贸易发展实践

①强化政府有效的宏观调控作用。发展数字贸易是一项综合性的社会系统工程，政府宏观调控作用的发挥对电子商务和数字化信息网络技术及其产业的发展具有十分重要的意义。面对信息技术革命的冲击及日益激烈的国际竞争，政府必须对数字经济的发展加以正确引导，发挥市场的主导作用，进行综合调控。并且要对发展数字经济做出长远规划和战略部署，形成崭新的数字化信息技术网络和现代电子商务体系，积极主动地推进数字贸易新体制的运行。

②推进国家信息通信产业基础设施建设。夯实综合基础设施，构建高速、移动、安全的信息基础设施，推进光纤宽带和移动宽带网络的演进升级，加强云计算中心、大数据平台、内容分发网络的部署和应用，夯实物联网基础设施，加快建设集感知、传输、存储、计算、处理于一体的智能化综合信息基础设施。推动电网、水网、交通运输网等智能化改造，提高绿色效能，提升基础设施使用效率。

③发挥公民潜能。广泛推广应用信息通信技术和电子商务，使数字经济的知识和技术大众化、广泛化。就我国目前而言，要努力追赶世界数字化信息网络技术的发展步伐，可由政府倡导国民实施"全民网上计划"，让人们认识到利用互联网如同学会读书写字一样重要，开展各种形式的信息网络业职业培训，开办使用互联网知识普及课。同时公民应取得网络使用合格证书，作为其就业的基本条件。

④注重联合。形成开放的国内外数字经济联合体系。数字经济时代是一个跨越国界的全球经济一体化时代，它天生具有全球性本质，数字经济的政策应具备全球背景，因此有必要制订一个全球互相作用的方案，再加之WTO规则的要求，使整个世界的经济运行都必须服从于国际规则。

⑤发挥厂商主力军的作用。为了适应数字贸易的发展，厂商必须全部

尽快"触网"，通过学习数字化信息网络技术和电子商务来改善企业经营状况，缩短生产周期，满足消费者的速度需求，促进公平交易，加快企业优胜劣汰，提高企业竞争力，实现经济转型。鼓励广大企业积极探索平台化、生态化发展模式，改造传统创新链、供应链、产业链和价值链，形成示范带动效应。

5.增强信息化发展能力

（1）发展核心技术，做强信息产业

信息技术和产业的发展程度决定着信息化发展水平。我国正处于从跟跑向领跑转变的关键时期，要抓住自主创新的"牛鼻子"，构建安全可控的信息技术体系，培育形成具有国际竞争力的产业生态，将发展主动权牢牢掌握在自己手里。

第一，构建先进的技术体系。制定国家信息领域核心技术设备的发展战略纲要，以体系化思维弥补单点弱势，打造国际先进、安全可控的核心技术体系，带动集成电路、基础软件、核心元器件等薄弱环节实现根本性突破。积极争取并巩固新一代移动通信、下一代互联网等领域全球领先地位，着力构筑移动互联网、云计算、大数据、物联网等领域比较优势。

第二，加强前沿和基础研究。加快完善基础研究体制机制，强化企业创新主体地位和主导作用，面向信息通信技术领域的基础前沿技术、共性关键技术，加大科技攻关力度。遵循创新规律，着眼长远发展，超前规划布局，加大投资保障力度，为前沿探索提供长期支持。同时实施新一代信息技术创新国际交流项目。

第三，打造协同发展的产业生态。统筹基础研究、技术创新、产业发展与应用部署，加强产业链各环节的协调互动。提高产品服务附加值，加速产业向价值链高端迁移。加强专利与标准的前瞻性布局，完善覆盖知识产权、技术标准、成果转化、测试验证和产业化投资评估等环节的公共服务体系。

第四，培育壮大龙头企业。支持龙头企业发挥引领带动作用，联合高校和科研机构打造研发中心、技术产业联盟，探索成立核心技术研发投资公司，打通技术产业化的高效转化通道。深化上市"发审"制度改革，支持创新型企业在国内上市。支持企业在海外设立研发机构和开拓市场，有效利用全球资源，提升我国企业的国际化发展水平。

（2）开发信息资源，释放数字红利

信息资源日益成为重要的生产要素和社会财富，信息掌握了多少、信息能力的强弱成为衡量国家竞争力的重要标志。当前，我国信息资源开发利用不足与无序滥用的现象并存，因此我国要加强顶层设计和系统规划，完善制度体系，全面提升信息的采集、处理、传输、利用、安全能力，构筑国家信息优势。

第一，优化升级宽带网络。扩大网络覆盖范围，提高业务承载能力和应用服务水平，实现多制式网络和业务协调发展。加快下一代互联网大规模部署和商用，推进公众通信网、广播电视网和下一代互联网融合发展。加强未来网络长期演进的战略布局和技术储备，构建国家统一试验平台。同时积极开展第五代移动通信（5G）技术的研发、标准和产业化布局。

第二，提高信息资源利用水平。建立公共信息资源开放目录，构建统一规范、互联互通、安全可控的国家数据开放体系，积极稳妥推进公共信息资源的开放共享。发展信息资源市场，促进信息消费。引导和规范公共信息资源的增值、开发、利用，支持市场主体利用全球信息资源开展业务创新。

第三，建立信息资源基本制度体系。探索建立信息资产权益保护制度，实施分级分类管理，形成重点信息资源全过程管理体系。加强采集管理和标准的制定工作，提高信息资源的准确性、可靠性和可用性。依法保护个人隐私、企业商业秘密，确保国家安全。研究制定信息资源跨境流动管理办法。

（二）企业层面的对策

对企业而言，数字贸易新规则既是机遇又是挑战。对传统企业而言，数字技术的发展打破了时间和空间的限制，让传统企业有机会向海外市场扩展。企业应在全球化进程中全面拥抱数字技术，加大对物联网、人工智能和数据分析等新兴技术领域的投资力度，从而加速产品和服务创新，并增强企业对市场和消费者的洞察力，借助数字技术转型升级。

1. 明确外贸行业现状

当前传统的外贸行业往往是以信息差异获得贸易竞价，依赖以差价利润为主的贸易模式。随着数字技术推动外贸行业的发展，这种模式的获利能力大大下降。这说明数字技术的发展已经使外贸行业开始重构，一个最明显的特征就是此前的呈现为孤岛的产业开始被互联网串联，尤其是产业链、产业生态圈的概念越来越多，借助信息数据产业的价值链条被重构，协同效应开始显现。

2. 创造信息优势

数字贸易时代，外贸领域产生着庞大的数据量，如海关进出口报关单实时数据、买家名录数据和采购信息、卖家供应信息、市场分析数据、企业资信数据等，这些数据信息为外贸企业大数据的挖掘和形成提供了支撑。企业应整理利用数据，预测经济形势、把握市场态势、了解消费需求、提高研发效率，创造企业自身的信息优势。

3. 打造企业自有品牌

近两年，随着中国互联网产业的兴起以及数字经济的发展，很多产业带都已经意识到传统线下贸易模式的短板和不足，并开始向线上电子商务平台发展，利用跨境电商将地方特色产品推向海外市场，树立自有品牌意识，增强商品竞争力。中国商品正向"中国品牌"进行升级，以技术、质量和服务提高中国品牌的市场竞争力，实现品质"出海"。企业必须提高产品的质量，建立完善的质量管理制度，用质量奠定品牌基础；必须提高自主研发和创新能力，创新产品，保持品牌经久不衰的生命力。在数字贸易的助推下，产业带加速由"中国制造"向"中国智造"发展。

4. 利用跨境数字贸易平台

企业可以利用国内多个产业带城市的跨境离岸数字集采中心，与海外采购商进行数字化跟单操作，并通过对物流、通关等数字化、可视化操作的跟进，对接本地制造业；利用中东、东南亚、北美洲等地设立的数字贸易服务中心，跟进产品在当地市场的销售情况、客户反馈、售后服务等，对接海外需求。利用跨境贸易大数据，方便中小企业快速了解海外需求，使我国产品更便捷、更高效、更智慧地进入国际市场。在跨境数字贸易平台下，将以往通过传统方式贸易的产品达成线上交易，使交易双方的交易周期大大缩短，贸易效率大幅提升，可让参与跨境贸易的交易双方都获得数字经济红利。

5. 利用政府的支持政策

企业应积极顺应国家关于企业方面的优惠方向和政策设计，充分利用政府提供的各种优惠扶持政策，积极发展能够得到充分优惠的项目和产品。我国企业可以乘共建"一带一路"政策东风出海，依托政府的扶持，缓解中小企业的融资问题，降低企业经营风险；时刻关注政府的政策发布，熟悉和掌握多项政策，立足企业需求，寻求政府给予的税收优惠和贷款优惠，不断增强企业的竞争力，抢占数字贸易市场的商机。

6. 完善人才引进与培养机制

企业应与高校合作，打破高校和企业间的人才培养边界，用产学合作推动人才模式的改革，培养适应产业发展新需求的新型复合型和创新型人才。一方面，企业与高校可以相互"浸入"，将课程学习与项目学习有机结合，将行业知识与专业知识有机结合，通过混合教学、联合培养等模式完善产学合作的协同育人体系；另一方面，企业可以与高校深度合作，推进校企合作、项目对接，提供大学生实习实训、师资培训、实践条件建设、校外实践基地建设以及创新创业联合基金等。

第五章　中国数字贸易发展实践研究

第一节　中国数字贸易的发展方式、路径及步骤

一、我国数字贸易的发展方式

数字贸易的整体发展方式可以概括为新技术推动产生新模式以及新商品，即贸易方式数字化和贸易对象数字化。新模式和新商品的出现，造成了完全不同的贸易影响，推动产生了全新的贸易监管体系。具体来说，新一代信息通信技术的发展使得不同经济主体间紧密联系，形成了更高效、更频繁的分工、协同和共享关系。因而数字商品的可贸易程度大幅提升，催生出了新模式和新商品。

我国数字贸易发展方式核心的内容包括贸易方式的数字化和贸易对象的数字化。

（一）贸易方式的数字化

贸易方式的数字化是指信息技术与传统贸易在开展过程中的各个环节深入融合渗透，如电子商务、线上广告、数字海关、智慧物流等新模式和新业态对贸易的赋能，从而带来贸易效率的提升和成本的降低，表现为传

统贸易方式的数字化升级。具体的表现有企业跨境贸易方式的数字化，跨境电商综合服务的数字化，跨境电商政务监管的数字化等。

（1）案例：数字贸易+物流

中建材国际贸易有限公司（以下简称"中建材国贸"）创新开展了"跨境数字贸易+共享海外仓"的外贸运营模式，将传统国际贸易模式升级为数字贸易模式。在"跨境数字贸易+共享海外仓"模式下，非洲买家可以通过"易单网"这一跨境电商平台，在线选购商品。中建材国贸提供海外存储及物流服务，保证货物的及时运输，为非洲买家提供"一站式"外贸综合服务，致力于在非洲打造"数字外贸生态圈"。"数字贸易+物流"的模式，一方面，通过规模采购和集中物流，降低了采购和运输成本；另一方面，为海外买家缩短了采购周期，降低了资金占用成本，大幅提高了购买效率和便利性，从而提高了客户的满意度和信赖度。

（2）案例：数字贸易+广告

为帮助外贸企业在疫情下对接海外采购需求，中东国际展览（MIE）集团开放了其海外线下展览会的三十万种采购商资源，整合中东非地区十多个展览主办方资源，依托"展贸通"线上展览平台，把线下展会搬到线上，力图构建大数据外贸生态圈。该集团于2020年6月29日举办的"中国—非洲数字贸易周"，覆盖了建筑建材、日用必需品、家庭医疗、电力能源、食品农业、酒店家居等六大行业，通过线上B2B视频精准配对和高质量商机撮合，实现特殊的跨境"面对面"沟通。

（二）贸易对象的数字化

贸易对象的数字化是指数据和以数据形式存在的商品和服务贸易。具体包括三方面，一是研发、生产和消费等基础数据；二是图书、影音、软件等数字商品；三是将线上提供的教育、医疗、社交媒体、云计算、人工智能等数字服务，表现为贸易内容的数字化拓展。数字经济时代，云、网、端等发展正在改变着服务业不可贸易、难以贸易的局面。由于数字商品和服务本身零边际成本的特性，可贸易程度的提升将进一步促进相关产业与贸易的发展。

贸易方式的数字化和贸易对象的数字化，对产业发展、国际分工、价值分配等方面都产生了不同程度的影响。由此推动了新监管部门的出现，我国的监管部门从原来的海关、检验检疫、外汇管理局扩充到了数字内容审核部门、产业安全审核部门、数据流动监管部门等。

（1）案例：数字贸易+社交媒体

数字贸易和社交媒体的融合，最直观的形式就是跨境社交电商。抖音海外版（TikTok）是我国主导跨境社交电商的典型案例。抖音的成功，是中国互联网高普及率的结果，如今这种势头拓展到了海外。强大的技术实力与良好的商品体验，让抖音在海外多地进入了颇受当地人欢迎的应用软件之列。TikTok上线后，近几周都在App Store免费应用程序排行榜中排名第一，在其他国家的排行榜上也名列前茅，在美国的下载量超过8 000万次。庞大的使用量为TikTok广告的传播提供了媒介。可以说，跨境社交电商重新定义了流量方式和购物模式。从传统的人找货模式转到数字贸易下的货找人模式，抖音海外版等社交电商可以更快地触达有效用户。

（2）案例：数字贸易+软件

游戏作为我国出口数字商品的代表，是贸易对象数字化的缩影。伽马数据关于2019年中国游戏产业的年度总结分析认为：游戏产业开始严格管理一年多来，呈现出强势回暖趋势，取得了令人信服的成绩。报告显示，国内游戏市场和海外市场出口收入均得到了大幅提升，涨幅超过10%，收入超过3 100亿元。国内自主研发的网络游戏在海外市场销售收入稳定增长，取得了令人满意的成绩。特别是中国的移动游戏市场表现优异，规模领跑全球。海外移动游戏市场也将成为其未来的重要竞争点。

二、我国数字贸易发展路径

数字贸易从数字贸易初级阶段发展到数字贸易成熟阶段，需要经过三步提升路径，分别是平台升级、服务升级、价值链升级。

(1) 平台升级

平台升级的意义：数字贸易平台的构建，解决了企业在传统贸易链条中遇到的流程不透明、环节复杂、成本高昂、报关繁琐等痛点问题，打造了一个集商品展示、在线交易、物流、支付、服务于一体的线上闭环模式。这种模式打破了传统跨境贸易平台的壁垒，方便控制数字贸易风险、保障全球贸易安全，为全球贸易提供了更多机会。

平台升级的过程：以数字贸易平台为核心，构建一个整合政府、海关、金融机构、海外渠道、上下游商家在内的一体化数字贸易产业链生态圈，加强数字贸易平台和国际进出口资源的对接与分享。

现有的数字贸易平台仍需升级改造，从数字贸易相关信息资讯平台向交易平台演进，从而实现供应与需求精准匹配、线上线下融合、流通环节精简、商品价格降低、支付结算环节打通、资金安全保障等愿景。

(2) 服务升级

服务升级的意义：在构建数字贸易平台的基础之上发展数字贸易需要进行服务升级，以实现数字贸易不断向价值链中高端攀升。

服务升级的过程：进行服务升级，首先要加快数字化转型升级，具体内容包括支持推广IT外包、打造数字服务出口集聚区等。其次要推广重点服务领域发展，包括如法律、会计等领域服务外包、医药研发外包等。同时应致力于构建全球服务网络体系，加大国际市场开拓力度，有序增加示范城市等。

(3) 价值链升级

价值链升级的意义：面对金融危机以来日益严峻的国际政治和经济环境，中国要素成本上升，支撑经济快速发展的传统动力逐渐减弱。面对数字贸易在传统价值链中"低端锁定"的困境，我国需向价值链的高附加值环节和强控制力环节攀升，带动数字贸易转型升级。价值链升级，对推进经济持续发展、跨越"中等收入国家陷阱"、推动国内数字贸易发展都有重要意义。

价值链升级的过程：在全球经济重心东移和终端市场转移的大背景下，

完成价值链升级，需要重视共建"一带一路"终端市场，加强与共建"一带一路"沿线广大发展中国家的合作，在共建"一带一路"倡议的框架之下构建起我们自己主导的国际生产网络和价值链体系。积极融入和推动共建"一带一路"区域价值链，从加工贸易等低附加值环节向研发、营销等高附加值环节转变，利用共建"一带一路"终端市场实现中国全球价值链升级。

三、我国数字贸易的发展步骤

我国数字贸易的发展步骤大致可以分为五步。一是从战略高度重视数字贸易规则的构建，在国家层面提高数字贸易的战略定位。二是完善数字贸易的基础设施建设。三是在奠定基础后，应该加强理论研究，从"美式模板"的发展历程来看，完善的国内规则体系是推动国际协定建立的必要基础。四是合理借鉴和对接"美式模板"的部分规则，以逐步发展国内数字贸易规则环境，努力构建符合我国数字贸易发展需求的"中式模板"，以期可以弯道超车美日等发达国家。五是完成蓝图，借助共建"一带一路"倡议，构建中式数字贸易圈，占领数字贸易高地。

步骤一：重视——在国家层面提高数字贸易的战略定位

我国为顺应数字贸易发展趋势、在国家层面提高数字贸易的战略定位，出台了若干政策文件，如2018年出台了《中华人民共和国电子商务法》等。党的十九大报告也明确提出，要建设"网络强国""数字中国"。党中央、国务院相继出台《国家信息化发展战略纲要》《"十三五"国家信息化规划》等重大战略规划，明确数字中国建设的"路线图"和"时间表"，开启了中国信息化、数字化的发展新征程。

步骤二：奠基——完善数字基础设施建设

正如货物贸易依赖交通运输技术进步一样，数字贸易高度依赖数字基础设施的完善程度。世界各国正在加快完善数字基础设施建设，力求在未来的数字贸易竞争中占据优势地位，我国也不例外。在此步骤，我国强化了新一代信息通信技术基础设施建设，特别是加快了 5G 通信网络建设，同时重视中西部地区的数字基础设施建设，防止出现新的基础设施"鸿沟"。同时正推动我国的信息技术相关标准成为国际通用标准，希望在世界数字贸易竞争中占据一定优势。

步骤三：融合——探索形成数字贸易发展理念和监管思路

数字贸易具有不同于传统贸易的新经济效应，面临着新的贸易壁垒，因而需要探索形成新的发展理念和监管思路。数字贸易国际规则正在形成，我国要加快吸收和学习数字贸易国际通行规则和标准，特别是《跨大西洋贸易与投资伙伴关系协定》（TTIP）《服务贸易总协定》《美墨加三国协议》（USMCA）等区域贸易协定中的新规则，并结合我国实际，大胆试点和复制推行，从而在未来的国际数字贸易谈判规则制定中占得先机。结合上述规则，我国要进一步提高与数字贸易相关的货物和服务的贸易便利化程度，从而提高我国数字贸易的国际竞争力。同时应注意，既要确保跨境数据高效流动，从而保证我国数字贸易的国际竞争力，又要确保不发生威胁国家安全的数据泄露、窃取、丢失等事件，还要有利于本国数字产业发展，确保个人隐私得到合理保护。

步骤四：超车——构建数字贸易"中式模板"

数字贸易的不断发展将改变现有的国际贸易规则，而有效的多边国际贸易规则对全球及我国的数字贸易健康发展具有重要意义。目前，WTO 缺乏关于数字贸易的规则体系，相关谈判也停滞不前。在此情况下，我国要积极推动在 WTO 框架下完善数字贸易国际规则，力求使其有利于我国数字贸易发展。

虽然"美式模板"较早提出，但是目前不只是中国与"美式模板"存在分歧，欧盟在"视听领域"的"文化例外"以及消费者的隐私保护方面的高要求也与其相悖，这意味"美式模板"并非畅通无阻。我国要积极参与数字贸易谈判、适时表达立场、主动靠近拥有相同诉求的国家和地区，并与其探索建立数字贸易合作伙伴关系，努力构建符合发展中国家国情的数字贸易规则，以期望在这个过程中超过美国数字贸易发展的速度。

步骤五：蓝图——构建全球数字贸易共同体

在最后一步，我国要充分利用在已有经济贸易平台的影响力与话语权。以跨境电子商务优势为契机，以共建"一带一路"倡议为抓手，利用区域间的贸易建设，率先与沿线国家缔结数字贸易协定，推动中式数字贸易圈的构建。同时协调区域关系，逐步完成从区域内发展向区域间发展的过渡，积极主动地参与美、欧、日等发达经济体对数字贸易规则的讨论，代表共建"一带一路"沿线国家以及广大发展中国家发声，不断巩固、提高中式数字贸易圈的影响力，进而占领数字贸易规则制定的高地。

第二节 中国数字贸易发展模式、应用场景及案例

一、中国数字贸易发展模式

（一）发展高端数字贸易业态模式

该模式充分发挥国家政策作用以及周边人才和资金优势，大量储备高端人才和知识，以研发、溢出和带动为主要形式。重点探索数字贸易的规则、基础设计和监管标准，着重发展数据交易、数字内容等高端数字贸易业态。

该模式适合区位条件好、发展定位高、开发程度低、地区政策好的区域，能够吸引优质企业和人才。其注重"无中生有"，统筹创新资源、数据、人才等要素，加快培育全球领先的创新团队，建设国家实验室，完善"政产学研用"协同创新机制，提高研发实力。该模式重点探索数字产业的发展路径，激活新要素，构建适应数字生产力的新型生产关系，制定数据生产要素的高效配置机制，带动全国数字经济的发展氛围。大力推进政务数据的共享开放，打通政府和企业间的数据流动通道，加速实体经济的数字化

转型。该发展模式以雄安新区为代表，为推动京津冀协同发展和建设世界级数字贸易示范区提供了支撑。

（二）以贸易数字化为主的发展模式

以贸易数字化为主的发展模式，是指本身已经具备很好的货物贸易与服务贸易基础，以转移、孵化、应用为主要发展形式。该模式适合工农商业基础好、开发程度高、交通发达的临近创新资源和要素丰富的地区或特大城市，这些地区往往具有承接数字创新要素转移和成果转化的地缘优势，以及雄厚的货物贸易、服务贸易基础。该模式聚焦数字贸易集群化发展，注重"有中生优"、创新开放，从而获得新动力和新增长，布局发展科技含量高、带动能力强的高成长性产业，引入一批具有国际影响力和竞争力的一流龙头企业。该发展模式以上海市为代表，上海自由贸易试验区有效加快了政府、企业数字化转型，构建创新数字经济多元协同治理体系，从而带动长三角一体化发展。

（三）数字贸易自由港的发展模式

数字贸易自由港的发展模式，是指利用天然隔离的地理优势，重点发展离岸业务，支持跨境数据自由流动，以创新、引入、开放为主要形式。该模式适合拥有良好的港口投资区位和自由贸易环境、对外开放政策好的地区。该模式通过政策吸引大规模的数字技术、人才、资金流入，实现企业的数字化转型，提升区域创新能力，注重"有中生新"发展新技术、新业态、新模式，培育"AI+""5G+""创意+""生态+"企业，加快形成产业发展新动能。同时该模式瞄准国际标准，发挥服务贸易在自由港的先导作用，将国际贸易投资领域的新变化作为数字贸易自由港建设的重要参考依据。该发展模式以海南省为代表，作为离岸自由港，海南自由贸易试验区以发展旅游业、现代服务业、高新技术产业为主导，着力打造重要对外开放门户。

（四）以大数据存储及衍生数字服务为主的发展模式

以大数据存储及衍生数字服务为主的发展模式，是指重点聚集数据这一新兴生产要素，从而实现数字贸易集群的模式，主要形式包括应用、共享、合作等。该模式适合自然环境好、资源禀赋优、产业结构亟待转型的地区。该模式将大数据放到地区战略位置，建成国内一流的数据资源中心，提供较为全面和专业的大数据分析、挖掘、组织和管理等产业链条服务，利用大数据带动经济社会增长、服务广大民生、提升政府治理能力。该模式注重数据清洗、挖掘、交易等各种新技术、新产品、新业态的开发和应用，充分利用大数据产业先发优势，发展成为国内甚至国际的标杆和样本，从而通过产业聚集效应吸纳优质企业和人才，以大数据推动地区发展全局。该发展模式以贵阳市为代表，虽为经济欠发达地区，但贵阳凭借区位优势和长远的战略眼光深耕大数据"蓝海"，已经将大数据产业作为后发赶超的核心突破点。

二、中国数字贸易应用场景

全球产业结构、生产方式、产品形态和内容的变革催生了数字贸易，数据逐渐成为企业商业运作的核心，数字贸易已经影响了社会经济的各个领域。数字贸易能够提高企业运作效率，使贸易更加便利化、人性化，交互性更强，能够促进不同经济体系的融合和联合创新，激活新的市场，推动制造升级和消费升级。

（一）电信、软件服务

1. 电信服务

根据通信业统计公报，2019年，我国固定数据及互联网业务收入为2 175亿元，比上年增长5.1%，在电信业务收入中的占比由2018年的15.9%提升到16.6%；固定增值业务收入1 371亿元，比2018年增长

21.2%。其中，网络电视（IPTV）业务收入294亿元，比2018年增长21.1%；物联网业务收入比2018年增长25.5%；移动数据及互联网业务收入6 082亿元，比2018年增长1.5%。

截至2019年7月底，全国增值电信业务经营许可企业共72 240家，其中，信息服务业务项目占比最大。在数字化转型的大潮下，电信行业的产品和服务无时无刻不在被创造和交付。在政府加快推动智慧城市建设的背景下，电信企业开始实施智能化战略，以5G、物联网、大数据、云计算为代表的新兴业务为行业赋能，虽尚未脱离主营业务独立生存和发展，但其正逐渐创造市场份额，并加大自身影响力，使数据流量增长成为企业数字化转型的主要动能。

2. 软件服务

我国软件和信息技术服务业保持着稳定增长的发展趋势。2019年，全国软件和信息技术服务业规模以上企业超4万家，累计完成软件业务收入71 768亿元，同比增长15.4%。信息技术服务实现收入42 574亿元，同比增长18.4%。其中，电子商务平台技术服务收入7 905亿元，同比增长28.1%；云服务、大数据服务共实现收入3 460亿元，同比增长17.6%。软件产业转型升级的关键是提高开发效率和产品质量、降低成本，从"软件制造"向"软件创造"转变。

（二）跨境电商

目前，全球服务贸易中有一半以上已经实现数字化，超过12%的跨境贸易通过数字化平台实现。2018年中国跨境电商交易规模达到9.1万亿元，用户规模超1亿人。目前，我国跨境电商仍以出口为主，但随着国民对海外产品需求量的增加，进口电商市场发展空间较大，预计进口占比将不断提升。其中，网易考拉、天猫国际和海囤全球的市场份额位列跨境电商市场前三。但随着数字贸易规模的不断扩大，跨境贸易更加普惠化，原本由大企业主导的外贸行业结构正在重塑，越来越多的中小企业加入国际贸易的分工中。

随着中国消费者购买力的不断提升，跨境电商市场内需也不断增大。相关电商法规和跨境电商系列新政的出台进一步规范了中国跨境电商市场，促进了跨境电商行业的健康发展，同时全球化趋势、中国消费者购买力的提升将持续扩大跨境电商内需。2020年，国务院在已设立59个跨境电商综合试验区的基础上，再新设46个跨境电商综合试验区。对综试区内的跨境电商企业按规定给予免征增值税、消费税、企业所得税等政策，支持企业共建共用海外仓，共享平台。

（三）数字内容

数字贸易推动数字文化创意产业发展，它依托社会公共文化资源，催生新数字内容，广泛运用"互联网+"、大数据等技术实现内容创造与文化传播，推动数字文化行业之间的交流合作和知识共享，推进数字文化创新。数字贸易让文化产品和服务供需精准对接，以内容创新为核心，为群众提供多层次多样化的文创产品和服务。

1. 数字出版领域

从用户规模来看，2019年中国数字阅读用户总量达到4.7亿人，人均电子书年接触量近15本。数字阅读内容创作者规模持续扩大，已达到929万人。从市场规模来看，2019年中国数字阅读整体市场规模已达到288.8亿元，同比增长13.5%，其中大众阅读市场规模占比超过95%。同时，网络原创内容改编成为新热潮，文学IP改编作品成为影视剧本的最大内容源。

2. 数字视听领域

截至2020年3月，中国网络视频（含短视频）用户规模达8.50亿人，较2018年底增长1.26亿，占网民整体的94.1%。2019年，在手机用户经常使用的各类App中，除即时通信类App的使用时间最长外，网络视频（不含短视频）、短视频、网络音频、网络音乐类应用的使用时长占比近半。

网络视频市场规模的扩大，也伴随着视频使用和付费习惯的变迁。从行业布局来看，爱奇艺、优酷、腾讯三家视频平台占据大部分流量，"头部效应"越发明显。除视频网站外，传统电视媒体也加入数字视听市场中，芒果 TV 成功地实现了由传统卫视向视频网站的扩展，并占据了一定市场份额。

3. 数字学习领域

数字学习领域主要涉及在线教育领域。截至 2020 年 3 月，我国在线教育用户规模达 4.23 亿人，较 2018 年底增长 110.2%。在线教育市场行业集中度进一步提升，互联网缩短了城乡之间获取信息的时间差，使得在线教育市场持续下沉。在线教育市场中，在线职业教育用户使用时长最长，在线语言教育需求增长最快。

4. 数字娱乐领域

2019 年，我国游戏用户超过 6 亿人，游戏市场实际销售收入 2 330.2 亿元，同比增长 8.7%，用户规模、自主研发、海外市场等主要指标均明显增长。我国游戏用户趋于饱和，游戏市场也趋于成熟，移动游戏不断出现新模式、新应用，并且超九成游戏用户看重产品的创新。目前中国自主研发的移动游戏在美、日、韩、英、德等国家的流水同比增长率，均高于该国移动游戏市场的增速，这表明我国移动游戏在海外市场已经具备一定的创新优势。

未来，无论是信息技术的发展，还是用户消费习惯的转变，都将为文化产业打开新空间。数字内容产业需进一步加快对数字化产品、服务的转型和布局，在供给端提质、扩容，生产出更多优质内容，并借力新技术，切实提高数字内容消费的便利性和体验感。

（四）新零售

新零售以数据为驱动，围绕消费者全方位体验，满足其多样化、个性化的消费需求，发展品质零售、智慧零售、跨界零售、绿色零售等细分市场，通过与互联网、大数据、人工智能等新技术的深度融合，调整商品和业态结构，加快实体零售企业的创新转型，从而实现无障碍交易和销售新增长。

线下超市、便利店入驻外卖配送体系，企业门店同时作为线上企业配送前置仓，电商企业和实体零售的资源整合与相互引流，为消费者提供了更舒适的线上线下购物体验。与此同时，电商平台还面向更大范围开放其包括智能选址、精准营销、会员管理在内的全流程智慧门店解决方案，促进形成线上带动线下，线下反哺线上的全新交互商业形态。

除传统电商购物 App 外，具备社交属性的微博、微信、短视频平台等新电商渠道快速发展并互联互通，网红电商带动粉丝经济蓬勃发展，使商家在不入驻电商平台的情况下也能享受平台企业的营销、物流、金融、大数据等资源服务。淘宝、天猫、抖音等平台通过视频与直播内容推荐好物，致力于用户购物以后的真实分享，侧重用户之间的问答以及电商导购，满足消费者的需求。现代快节奏生活在一定程度上提高了时间成本，"一站式"购物成为不少消费者特别是家庭消费群体的选择。

三、中国数字贸易发展案例

（一）中国（上海）自由贸易试验区

中国（上海）自由贸易试验区（以下简称上海自贸区），是中国政府设立在上海的区域性自由贸易园区，位于浦东，是中国的自由贸易试验区。2013 年 9 月 29 日，上海自贸区正式成立。上海自贸区范围涵盖上海市外高桥保税区、外高桥保税物流园区、洋山保税港区、上海浦东机场综合保税区、金桥开发片区、张江高科技片区和陆家嘴金融片区七个区域。

2013 年 9 月 27 日，国务院发布了《中国（上海）自由贸易试验区总体方案》。其提出了上海自贸区发展的总体目标和发展模式，通过试验进行改革，推动政府转变职能，促进服务业进一步开放，引进外资管理体制改革，着力发展总部经济和新型贸易业态，加快探索资本项目可兑换和金融服务业全面开放，探索建立货物状态分类监管模式，进而形成促进投资及创新的政策体系，大力营造国际化和法治化的环境，努力促进建成向国际水平看齐的投资贸易便利、货币兑换自由、监管高效便捷、法治环境规范的自由贸易试验区。

1. 上海自贸区发展历程

1990年6月，中国第一个保税区上海外高桥保税区成立，目前上海外高桥保税区已经建设成为我国经济规模最大、业务功能全面的特殊监管区。2005年12月，国务院批准成立洋山保税港区。2009年7月，浦东机场综合保税区成立，这个保税区具备保税区、出口加工区和保税物流园区三种特殊监管区域的功能。2009年11月，外高桥保税区、洋山保税港区以及浦东机场综合保税区合并，组成上海综合保税区，形成三区联动、多点突破、共同发展的格局。

2013年8月，中国（上海）自由贸易试验区在综合保税区的基础上正式成立。2013年9月27日，国务院发布《中国（上海）自由贸易试验区总体方案》，9月29日上海自由贸易试验区正式挂牌成立。正式成立后，自贸区积极发布了相关的地方性法规，对负面清单、准入前国民待遇、自由贸易账户等新领域做出规范和创新。

国务院于2015年4月20日公布了《进一步深化中国（上海）自由贸易试验区改革开放方案》，扩展了自贸区面积，自贸区进入下一个发展阶段。新的阶段面临新的改革任务，深化改革方案实施后，上海自贸区在推进"单一窗口"建设、完善负面清单、探索实行"多证联办"或"三证合一"登记制度、探索适合境外股权投资和离岸业务的税收政策等一系列制度上进行创新，推动了我国与国际相关规则的接轨。

2017年3月，国务院发布了上海自贸区的第三个改革方案《全面深化中国（上海）自由贸易试验区改革开放方案的通知》，使自贸区进入更高的发展层次。自贸区提出"改革系统集成"的概念，并实施"三区一堡"的建设方针，即建设综合改革试验区、风险压力测试区、政府治理能力先行区、推动市场"走出去"的桥头堡。2018年底，该方案提出的98项重点改革任务已完成96项。

2019年8月，国务院发布关于印发《中国（上海）自由贸易试验区临港新片区总体方案》的通知。8月20日，临港新片区正式成立，新片区的范围包括上海大治河以南、金汇港以东（包括小洋山岛、浦东国际机场南侧区域）。按照"整体规划、分步实施"原则，先行启动南汇新城等区域。国务院对临港新片区提出了总体发展目标：到2025年，构建较为成熟的投资贸易自由化便利化制度体系，建成多个开放程度更高的功能型平台，汇聚世界一流企业，显著增强区域的创造力和竞争力，提升经济实力和经济总量；到2035年，建成具有较强国际市场影响力和竞争力的特殊经济功能区，制度建设更加成熟，具备全球高端资源要素配置的核心功能，推动中国深度融入经济全球化。

2. 上海自贸区发展现状

整体上，2018年上海自贸区规模以上工业总产值达到4 965亿元，占新区的48.2%，占全市的14.3%。实现外贸进出口额1.46万亿元，占新区的70.9%，占全市的42.8%。社会投资继续保持活跃，2018年全年新设立企业约7 200户，累计新设5.88万户，试验区内共有企业8.85万户，占新区的31.1%。

在金融建设领域，已汇聚9家全球规模排名前10的资管机构、14家外资独资资管公司，51家国际知名金融机构被吸引，69家资产管理机构成立，99家跨国公司地区总部设立于此。全市已有56家金融机构通过分账核算系统验收，4000多家企业开立。实现跨境人民币结算总额2.55万亿元，占上海全市的35.3%；跨境双向人民币资金池收支总额达到4 826亿元，同比增长1.7倍。

在贸易领域，上海自贸区已经具有6个销售额达到千亿的产业和10个销售额达到百亿的产业。上海自贸区共新设外资项目601个，吸引合同外资42.3亿美元，实际使用外资24.9亿美元，在浦东新区占比分别为72.5%、70%。

对外投资方面，自贸区企业对共建"一带一路"沿线国家和地区投资总额为21亿元，同比增长3%。

营商环境方面，企业登记环节审批速度大幅提升，通过试点签发自动进口电子许可证、实现全程无纸化的非机电类自动进口许可证达到90%。对于机电类自动进口许可证，办理时间缩短至8个小时，保税区域货物进口整体通关时间大幅缩减，每年直接降低费用在4亿元以上。上海自贸区还充分发挥与浦东新区合署办公的制度优势，大力推进"证照分离"改革。

政务管理方面，积极推动电子政务发展，"互联网+政务服务"模式已基本建立，浦东新区327项涉企事项已全部进入网上政务大厅，53%的事项实现不见面审批，47%的事项实现"只跑一次"，实际办理时间比法定时间压缩85%。

3. 上海自贸区发展特点

（1）产业发展成熟，发展起点高，拥有先天优势

上海自贸区涵盖保税区、陆家嘴金融贸易区以及张江高科技园区等区域，为于中国发达的长三角地区。借助上海成熟的产业优势以及雄厚的服务和贸易实力，自贸区把握优势，优先发展国际贸易、金融服务、航运服务、专业服务和高端制造五大产业。上海自贸区发展立足货物贸易，是相对世界其他自贸区、自由港的极大优势。中国已经多年蝉联世界第一贸易大国和世界第一制造业大国，上海市2019年累计实现外贸进出口总额34 046.82亿元。上海本地制造业相当发达，并且发挥南北接壤的优势，利用制造业发达的苏浙两省以及邻近的安徽、江西、湖南、湖北等省市的资源，使货物贸易的发展得到了有力支持。在服务贸易方面，上海相较其他城市对外开放更早，服务贸易起步早，国家的服务贸易发展政策和上海市政府的支持使近年来上海服务贸易发展规模不断扩大，增长速度也逐年上升，上海的服务贸易一直在全国处于领先地位。自贸区借助上海市的服务贸易产业优势，各个片区根据自身特色发展相应功能，航运、金融、保险等行业在自贸区形成产业集群，使得服务贸易更加有竞争力。再加上改革创新的制度政策引领，上海自贸区经济取得了高速发展，以1/50的面积创造了上海市1/4的生产总值。

（2）制度创新，传统产业转型升级

产业转型升级主要有两个方向，一是通过引进境外优秀技术、人才和企业，加强沟通交流，实现原有产业转型升级；二是大力发展境外投资，推动国内企业"走出去"，拓展国际市场。在"引进来"方面，落实准入前

国民待遇加负面清单管理制度，推动投资贸易便利化，并且创新监管制度。金融开放方面包括建设金融市场平台、提升投融资汇兑便利化水平、扩大人民币跨境使用、金融综合监管试点和外汇管理改革等，在市场监管中简化事前审批，强化事中事后监管。通过实行以上措施，扩大了自贸区开放程度，引进了境外优秀企业投资。在推动国内企业"走出去"方面，自贸区境外投资制度不断创新，投资规模大幅增长。自贸区实施的境外投资备案管理、取消境外融资的前置审批、创新股权投资基金的出海等制度，创造了投资便利、融资便利、模式创新的优势，对外投资逐年增长。

（3）持续扩区，发展高端产业，使建设特殊经济功能区

2019年8月6日，国务院发布《中国（上海）自由贸易试验区临港新片区总体方案》，表明上海自贸区迎来新的发展机遇。新片区的建设是在其他片区经验的基础上，提出新的发展目标，打造"更具国际市场影响力和竞争力的特殊经济功能区"，并且此次扩区也为后续自贸区升级为自由港打下了基础。该方案中提出：临港片区要对标国际上公认的竞争力最强的自由贸易园区，选择国家战略需要、国际市场需求大、对外开放度要求高，但其他地区尚不具备实施条件的重点领域，实施具有较强国际市场竞争力的开放政策和制度，加大开放型经济的风险压力测试。该方案具体要深化电信、教育、医疗、文化、金融、制造业等重点领域的开放，聚集高端产业，大力发展离岸经济、创新经济、总部经济和数字经济，建立与国际通行规则相衔接的制度体系。

4. 成功案例

本案例来自《首届中国（上海）自由贸易试验区制度创新经典样本企业案例汇编》。

上海百家合信息技术发展有限公司（以下简称百家合）是百视通与微软共同投资的合资公司，也是上海自贸区挂牌当天第一家入驻的企业。百家合主要经营业务为游戏的开发制作和发行。

上海自贸区成立以前，我国对游戏相关业务的外资管控非常严格，既禁止外资进入，也没有经营相关业务的外资公司。所以中国主机游戏业务

发展缓慢，但国际上这类业务发展已相对成熟。直到国务院发布《中国（上海）自由贸易试验区总体方案》，提出服务业扩大开放措施，允许外资企业从事游戏游艺设备的生产和销售，通过文化主管部门内容审查的游戏游艺设备可面向国内市场销售。2014年1月6日，国务院办公厅进一步发布通知，明确了该总体方案提出的游戏游艺设备的相关规则。同时自贸区实行的商事制度改革政策也进一步促进了外商的投资。商事制度改革包括对外资企业从事游戏游艺设备业务实行备案制而不是审批制，实行工商"先照后证"的登记制度，并且设立"单一窗口"制度，这些措施都为外资投资游戏产业带来了极大的便利。

百家合不仅向国内引进高质量的游戏商品，也积极向海外输出国内优秀的原创游戏作品。百家合把握住了上海自贸区服务业扩大开放这个机会，从初创公司发展到现在，已经实现高额盈利。百家合的快速发展显现出自贸区政策的便利和各项制度对企业的周到服务。

（二）海南自由贸易试验区

中国（海南）自由贸易试验区（以下简称海南自贸区）。根据《中国（海南）自由贸易试验区总体方案》的整体规划，海南自贸区将以旅游业、现代服务业以及高新技术产业为主导产业，致力于打造我国全面深化改革开放试验区、国际旅游消费中心、国家生态文明试验区以及国家重大战略服务保障区。

2020年6月1日，中共中央、国务院印发《海南自由贸易港建设总体方案》，根据这一方案，计划将海南自由贸易港的发展模式总结为"六个自由、四个制度以及一个体系"。"六个自由"指的是贸易自由便利、投资自由便利、跨境资金流动自由便利、人员进出自由便利、运输来往自由便利、数据安全有序流动；"四个制度"指的是要加强税收、社会治理、法治、风险防控等四个方面的制度建设；"一个体系"是构建现代产业体系，根据海南的区位优势及特色，大力发展旅游业、现代服务业和高新技术产业。

1. 中国（海南）自由贸易试验区的发展历程

2018年，中央着眼于我国改革开放和社会主义现代化建设全局的重大战略决策，提出在海南全岛建设自由贸易试验区，支持海南逐步探索、稳步推进中国特色自由贸易港建设，分步骤、分阶段构建自由贸易港政策和制度体系。

2. 中国（海南）自由贸易试验区发展现状

第一，在口岸营商环境建设方面。海南自贸区出台优化口岸营商环境、提升跨境贸易便利化水平的12项措施，对照世界银行营商环境评价指标，在全国范围内率先推出如优质农产品出口动态认证、免证书免备案等多项创新成果。根据海口海关的统计数据，2019年海南口岸的进出口整体通关时间分别为44.24小时、3.2小时，相较2017年，分别下降了65.2%、97.1%，提前两年完成《优化口岸营商环境促进跨境贸易便利化工作方案》的要求。而在2020年第一季度中，海关进出口通关时间已经分别降为6.04小时和0.22小时，超同期全国水平近四成，极大地提高了贸易便利化水平。此外，海关运用现代化技术，积极建设自贸港海关智慧监管云平台，并大力推广国际贸易"单一窗口""互联网+预约"等便捷通关服务。

第二，在对外贸易方面。海南2019年进出口贸易额达到905.9亿元，较2018年增长了6.8%。其中外贸出口343.7亿元，同比增长15.4%；进口562.2亿元，同比增长2.1%。与习近平总书记"4·13"重要讲话前后两年的相关数据进行对比，海南省在2018年4月至2019年3月的两年间对外贸易进出口总值达1 838.6亿元，较2016年4月至2018年3月这一区间增长31.8%。此外，海南2019年的外贸伙伴已经覆盖了全球183个国家和地区，其中与共建"一带一路"沿线国家的进出口贸易额已经达到352.3亿元，较2018年增长10.6%。在外贸相关企业中，虽然外资企业依旧是海南的外贸主力，但参与外贸的国有企业与民营企业的规模明显增加，国有企业的进出口贸易额达到202亿元，与2018年的数据相比，增长了一倍以上，民营企业的进出口总额达到了195.5亿元。

第三，在高新技术产业方面。2019年，海南省高新技术企业数量达到566家，同比增长48.6%。此外，海南新设省级重点实验室8家，院士创新平台61家，科技企业孵化器1家，众创空间2家，全省各类创新平台和服务机构数量累计达到600家。

3. 中国（海南）自由贸易试验区的发展特点

海南自由贸易试验区与其他自由贸易试验区相比，既有共性的一面，又有不同的特色。

（1）建设中国特色自由贸易港

海南自由贸易港是按照中央部署，在海南全岛建设的中国特色自由贸易港，是党中央着眼于国际国内发展大局，深入研究、统筹考虑、科学谋划后做出的重大决策。自贸港与自贸区存在着多方面的区别。2018年4月，中共海南省委全面深化改革委员会办公室副主任许建鹏指出，自贸区主要是为贸易自由化探路，而自贸港则是树立中国特色社会主义制度下最高开放形态的标志。此外，自贸区更多注重在其内部推行的政策是否可以借鉴并推广到其他地区，而自贸港将更多地关注国际通行规则的参与和制定。另外，自贸港将制度集成创新摆在突出位置，更加注重体系的创新。

（2）建设海关监管特殊区域

海南自贸港将在实现有效监管的前提下，建设全岛封关运作的海关监管特殊区域。在自贸港和中华人民共和国关境外其他国家和地区之间设立"一线"关卡，而在自贸港与中华人民共和国关境内的其他地区之间设立"二线"关卡，并实施"一线"放开、"二线"管住的特殊海关监管机制。此外，对自贸港内的企业及机构实施低干预、高效能的精准监管，以实现自贸港内企业自由生产经营。

（3）推进服务贸易自由便利

海南自贸区作为全国服务贸易创新试点地区，将现代服务业作为主导产业，对于服务贸易具有极高的开放程度。海南自贸港将对服务贸易实行以"既准入又准营"为基本特征的自由化便利化政策举措。通过实施跨境服务贸易负面清单制度，破除跨境支付、境外消费、自然人移动等服务贸易模式下存在的各种壁垒，给予境外服务提供者国民待遇来推进服务贸易自由便利。

4. 应用场景案例：全国首单沪琼自由贸易账户联动业务

2019年1月1日，海南自由贸易账户（FT账户）体系正式上线，并于

2019年1月29日由中国银行海南省分行联动上海中行、海外中行成功办理了全省首单自由贸易试验区联行代付项下的融资性风险参与业务。截至2019年4月，海南省共有5家银行173个网点可以开办FT账户业务。

FT账户可为企业提供跨境收支、跨境贸易融资、基于离岸汇率的本外币兑换以及贷款投放等服务。通过这样的业务可以实现不同自贸区之间资金的有效流动，对未来探索不同自由贸易区之间的交流合作以及模式创新具有极为深远的意义。此外，长期以来，国内的机构都是通过委托境外银行来进行代付类业务，而通过FT账户，自贸区内的银行也将可以为境外银行办理这一业务。随着海南自贸港开放程度的不断提高，对外贸易规模不断扩大，这一体系将有助于推动自由贸易试验区金融体系的开放创新，有效扩大优质资产规模，提升国际化水平，助力打造开放型经济新体制。

（三）雄安数字商务发展示范区

相较上海、海南自贸区关于数字经济或数字贸易发展的主要方向，雄安数字商务示范区的建设是一个从"无"到"有"，由"0"到"1"的过程。该示范区在成立之初，就着眼于以数据交易、数据中心和数字内容运营与加工为代表的数字贸易高端业态，并争取在数字贸易规则的制定方面发出"中国声音"。

1. 雄安数字商务示范区发展历程

2017年4月，雄安新区设立。

2019年8月，国务院正式印发《中国（河北）自由贸易试验区总体方案》，其中在引领雄安新区高质量发展方面，提出建设雄安数字商务发展示范区。

2019年10月，雄安新区被授权为国家数字经济创新发展试验区，将在数字经济产业、生产要素、生产关系等方面进行探索创新，以便为其高质量发展提供有力支持。

2020年4月，《河北省数字经济发展规划（2020—2025年）》提出大力支持雄安国家数字经济创新发展试验区的建设与发展。

2. 雄安数字商务示范区数字化现状

（1）5G 布局

5G 网络的覆盖是"智慧雄安"基础设施建设的一部分。2017 年 9 月，河北省第一个 5G 基站在雄安新区建成；2019 年 3 月新区内的重点区域已经实现 5G 网络覆盖；2019 年 4 月，河北省省会石家庄实现与新区之间的跨区域 5G 通话。目前，规模更大、覆盖更广、性能更强的 5G 预商用网络正在规划中。

（2）数字智能城市建设

数字化智能成为雄安新区城市建设的主基调，包括市政交通、工地建设等领域。2019 年新区总共发布了 12 个智慧城市建设项目，除了基本的物联网、5G 等基础设施建设，新区还将数据建设作为智能城市建设标准体系的重要部分，符合数字经济时代下，将数据作为新的生产要素的新趋势。

3. 雄安数字商务示范区发展特点

（1）打造数字贸易综合服务平台

支持建立数字贸易综合服务平台，通过综合服务平台为数字贸易发展提供良好的服务和优惠的政策，使得数字商务示范区的企业获得良好的效益并持续发展，促进相关项目的引进和产业发展，保证数字商务示范区建设目标的实现。数字商务服务平台以数字政务、落户企业为核心，支持示范区的建设和运营，以带动整个示范区的发展。

（2）数字贸易规则的"中国声音"

目前，我国在发展数字贸易方面仍存在不少壁垒，在数字贸易规则和标准制定方面缺乏话语权。雄安数字商务示范区的一些有益实践，将有利于我国开拓更大范围的数字贸易市场。另外，通过示范区的建设和运营经验来降低数字壁垒，探索符合国情的数字贸易发展规则，参与数据资产国际贸易规则和协议制定，有助于在全球数字贸易基础层面发出"中国声音"。

（3）重点关注数字贸易高端业态发展

雄安建设数字商务示范区以大数据交易、数据中心和数字内容等高端数字贸易业态为发展方向，打造数字贸易高端产业集群。此外，数字商务发展示范区也将探索建立影视、游戏和音乐等数字内容加工与运营中心，开展数字内容加工与运营服务。

（4）数字化应用案例

首先，在智慧校园方面，中国人民大学附属小学雄安校区通过对校园学习和生活等场景的数字化，在学生进出校园、考试、上课以及就餐方面均实现了刷脸功能，打造出具有自身特色的校园场景化互联网综合解决方案。

其次，24小时无人书屋已于2019年6月成功试点运营。通过5G网络，为借书、还书以及在线阅读等场景提供支持，同时通过大数据平台分析读者习惯，进行个性化阅读推荐服务，提高了读者运营维护的效率。

最后，投入并使用基于区块链技术的资金管理平台，对信息流和资金流进行全生命周期溯源，打造"廉洁雄安"。

2020年4月，雄安新区成为首批数字人民币（DCEP）内部封闭测试试点，以餐饮、零售业的企业为主。

（四）案例比较

通过对上述三个中国数字贸易发展案例的梳理，我们可以看出，目前我国各个自由贸易试验区在数字贸易发展方面有着不同的侧重点。上海市注重服务贸易的发展；海南省注重贸易的数字化，如跨境电商；雄安新区则是站在一个更高的起点来发展，从零开始，主打大数据交易、数字内容和数据中心等数字贸易高端业态。

第三节　数字贸易发展提议

本书在分析当前数字贸易发展态势后，结合中国实际，提出了数字贸易发展提议，简单来说可以概括为"1个发展宗旨+3个发展方向+8个发展关键点+8个发展建议"。

一、发展宗旨

全球数字贸易的发展宗旨为"全球数字贸易共同体"。2012年11月中共十八大明确提出要倡导"人类命运共同体"意识。习近平总书记会见外国人士时表示,国际社会日益成为一个你中有我、我中有你的"命运共同体",面对世界经济的复杂形势和全球性问题,任何国家都不可能独善其身。

当今世界经济面临着百年未有之大变局,经济全球化、数字化的潮流不可逆转,但也面临诸多共同挑战。全球数字贸易共同体是一种以应对全球经济进入数字化时代的共同挑战为目的的发展宗旨。

二、发展方向

方向一:综合数字贸易平台

综合数字贸易平台成为未来数字贸易发展的方向,其原因可以被归纳为如下几点:第一,数字贸易具有极强的数字化特性,它要求数字平台有能力支撑海量数据流动,而综合数字贸易平台可以满足这一需求;第二,综合数字贸易平台有利于统一数据接入规则,解决由数据接入规则不一致造成的诸多问题,降低数据对接成本;第三,综合数字贸易平台有利于各国主管部门对数字贸易进行监管,便于利用数字化技术提高监管水平;第四,统一的综合数字贸易平台有利于发挥规模效应,降低数据流动成本,提高数据流动效率。因此,数字贸易综合服务平台是数字贸易发展的必然选项。

方向二:可信交易生态

数字信任是未来数字贸易发展的基石。可信交易生态是一个高度可信的数字贸易环境,能够确保数字贸易各环节的网络安全,具体包括交易主体可信任、交易对象可信任和交易行为可信任。数字贸易相较传统贸易将更加凸显其在交易保障、支撑体系、交易规范和标准等方面的巨大优势。未来数字贸易一定是一个交易主体可信任、交易过程可信任、交易行为可信任的可信交易生态圈。

方向三：全球价值链联动

数字化技术和手段的运用让数字贸易突破了传统贸易的局限性。数字贸易活动不再是传统卖家和买家两者之间的简单交换过程，而是体现全球价值链联动的过程。这一过程将使价值链各环节的链接更加紧密，信息共享更加高效和快速，数字贸易将打破价值链"链"和"网"的传统结构，形成各环节高效、直通、互联的数字贸易共同体。因此，全球价值链联动一定是未来数字贸易的发展方向。

三、发展关键

（一）数字贸易基础设施

1. 基础设施未来趋势

（1）5G 未来趋势

未来，国际的 5G 争夺会更加激烈，国内也会更加重视对通信设备以及半导体产品的自主研发。放眼后疫情时代，5G 不仅在支撑疫情防控、助力复工复产方面有重大意义，也在促进消费、助力升级、培育经济发展动能等方面有巨大的潜力。技术方面，5G 将推动基础网络的改革。

① 5G 将推动基础网络的服务化

5G 的发展导致基础设施和上层应用的边界开始模糊，基础网络将嵌入面向用户的服务过程，由此 5G 将推动基础网络的服务化。

② 5G 将推动基础网络的虚拟化

相比前一代技术，5G 可以通过网络分片技术支撑更为丰富和灵活的互联网业态，推动基础物理网络的虚拟化。

③ 5G 将推动基础网络的智能化

随着 5G 的发展，通信网络的渠道功能将不断弱化，数据传输功能得到强化，将推动相关应用的智能化转型。

（2）物联网未来趋势

在中美贸易冲突中，我国的策略是积蓄足够力量进行产业链升级，避免因对抗给本国的物联网产业链带来严重损害，从而为抢占国际物联网产业高地赢得先机。在新冠疫情防控期间，"线上替代线下"逐渐成为趋势，物联网为"非接触式"交易提供了技术支持。物联网技术在智能制造、便民服务等领域大显身手，成为"科技战疫"的关键。同时，新冠疫情防控期间产生了不少具有推广价值的物联网解决方案，部分紧急方案也得到了拓展，以确保其继续使用。总体来说，中美贸易冲突没有损害物联网产业的发展，新冠疫情加速了物联网的应用落地。另外，物联网本身也会在应用中得到进一步发展，具体的发展趋势如下：

①人工智能将融入物联网

物联网是支持设备数据采集的基础，为数据分析营造了良好的条件。人工智能整合到物联网中，将进一步增强物联网的能力，使得产品更加智能化。

②物联网所带来的安全隐患凸显

物联网设备会收集大量数据，由此带来的隐私泄露等安全隐患不容忽视，因此整合并完善物联网相关的标准政策至关重要。

③物联网将融合5G技术

将5G技术融入物联网设备，不但可以降低网络延迟，还可以大大提高嵌入式通信的可靠性。融入5G的物联网设备，可以更好更快地收发数据，实现实时通信和数据的无缝衔接。

（3）数据中心未来趋势

受中美贸易冲突影响，我国数据中心有扩大国产设备的使用量、设备厂商器件国产化、加大研发投入的趋势。在新冠疫情防控期间，云办公的趋势得到增强，越来越多的科技企业开始建设云平台、提供新型应用和服务。而作为底层支撑的数据中心，自然成为信息化过程的支柱。中美贸易冲突和新冠疫情都有加速数据中心发展的趋势。数据中心未来的发展趋势如下：

①小微型数据中心存在发展空间

随着 CPU 等硬件的进步,未来的计算需求不会全部集中在后端。即使大部分在后端处理,但计算量小且时延要求高的计算,仍然更适合在靠近用户的小微型数据中心处理,分布式的小微型数据中心仍然有新的发展空间。

②政策和成本等因素的影响

数据中心区域布局受到政策、成本等驱动因素影响,数据中心在空间上将有新的布局。北上广深等发达城市是业务需求量较大的城市,数据中心将供不应求,但是受这些城市的土地、政策、电力导向等方面影响,已经无法再大量建设数据中心,因此,数据中心会从发达城市向其周边城市延伸布局。

2. 基础设施发展提议

(1) 信息通信网络——5G

①应积极搭建国际交流对话平台

我国在国际舞台应积极推动 5G 研发、应用、安全等相关议题,积极参加国际协议,以此提升我国在 5G 发展方面的国际影响力。

②应加强监管机制方面的规则制定

我国应专门建立 5G 的"监管沙盒",提前判断 5G 的发展和业态的创新可能带来的影响,以及时做好应对工作。

③应继续加快 5G 核心技术发展

我国应形成顶层规划,将 5G 核心技术的研发纳入国家战略,掌握 5G 核心技术,构建独立自主的全产业链,以应对中美贸易冲突等极端情况。

(2) 物联网

①应完善物联网体系协议与政策

物联网设备的大规模使用,引发的安全隐患不可忽略。在制定规则时,应完善物联网相关的安全标准,加大物联网设备安全性检测的力度,保障用户隐私安全。

②应鼓励自主研发和创业创新,加快物联网产业发展

目前，我国射频识别（RFID）技术仍然落后于国际水平，这是我国物联网行业发展的明显短板。在制定规则时，应注意增强物联网产业的创业创新制度供给，才能不断修补短板，领先全球。

③应加强技术标准研究制定工作

标准是产业和技术应用的重点，对物联网的发展有重大意义。我国应结合独有的市场和产业需求情况，加速构建符合我国情况的物联网标准体系。

（3）数据中心

①应加速推进数据中心产业化发展

我国应借助共建"一带一路"倡议和国内互联网企业全球化趋势，支持国内数据中心服务商开展全球化业务，推进沿线国家的数据中心建设，从而提升我国的国际竞争力。

②加强政策标准引导和产业信息公开

我国应完善数据中心方面的立法，可以考虑允许大型数据中心服务商参与制定。除此之外，还可以依托工信部发布的《全国数据中心应用发展指引》制定规则。在产业信息透明化方面，应考虑公示全国数据中心的总体情况，为企业选择数据中心提供参考。

③应加大国产设备品牌的培育和支持

我国应设立数据中心相关基础设施的技术研究专项，加大数据中心制冷设备、供电设备的自主研发投入力度，同时应注意持续开展技术创新，以期实现弯道超车，提升国内品牌的服务能力。在规则制定时，可以考虑提供数据中心布局的引导，为周边布局的数据中心延伸提供便利。

（二）跨境数据流动

1.跨境数据流动未来趋势

（1）建立跨境数据流动保护机制，保障个人数据安全

部分国家或区域通过充分性保护认定豁免数据跨境转移的限制；以合同方式约定跨境数据传输的隐私和安全控制条款，具体工具包括标准合同条款、弹性合同条款等；以企业自律性行为准则保证跨国企业内部数据保

护水准，如欧盟推出了有关国际数据转移的"约束性企业规则"、《APEC隐私保护框架》等。

（2）用例外条款和用户授权为数据流动扩展空间

通过文献梳理我们发现，大多数制定了个人数据保护法的区域都制定了例外条款。这些条款规定了特定情况下的数据流动，不需要获得监管机构许可，适用例外条款就可以进行一定的数据传输，为数据跨境流动扩展了一定的空间。另外，大部分规则都明确了数据主体的同意是跨境传输必须满足的基本要求。

（3）推动数字经济发展，优先区域内的数据流动

面对数字经济的发展趋势，促进数据自由流动的相关内容成为双边或多边国际贸易谈判中的重要内容。较为典型的是2015年10月，在美国主导下十二国签署"跨太平洋伙伴关系协定"（TPP）以确保全球信息和数据自由流动，不将设立数据中心作为允许TPP缔约方企业进入市场的前提条件，也不要求转让或获取软件源代码。此外，针对数据保护水平不同的两地提供弹性规范机制也是有效措施，如欧美之间签署的推进跨境数据流动的《安全港协议》和《欧美隐私盾牌》机制。

（4）加强管控和限制性手段，对特定领域敏感类型的数据进行特殊管理

充分运用前置审批、本地存储、安全审查、限制出境等方式，对相关数据进行监管。通过制定安全协议，对商业数据进行审查，同时以WTO规则中的"国家安全例外"事项为突破口实施各类安全审查，将对敏感数据跨境的限制，作为安全评估的重要因素、合同约定的必要条件予以体现。

2. 跨境数据流动提议

（1）从规则制定入手，实现更弹性的流动方式

从各个发达国家和地区跨境数据流动的政策与规则的制定上来分析。美国目前以维护产业竞争优势为主旨，构建数据跨境流动与限制政策。美国主张个人数据跨境自由流动，利用数字产业全球领先优势主导数据流向，通过限制重要技术数据出口和特定数据领域的外国投资，确保美国在科技领域的全球领先地位。欧盟主要靠制定统一的规则实施欧盟数字化单一市

场战略，通过"数据保护充分性认定"标准来确定数据跨境自由流动的白名单国家，从而提升欧盟数据保护立法的全球影响力。新加坡主要是通过将高水平的数据保护和数据自由流动相结合，来吸引跨国企业设立数据中心。日本积极与欧盟、亚太经济合作组织（APEC）等国际组织对接，不断推动跨境数据自由流动规则的构建。印度积极寻求本土化路线，同时促进本国经济发展。俄罗斯划定了数据自由流动范围，实行保护主义。未来我国可以在现有政策和文件基础上，参考他国的模式，在建立更完善的规则体系的同时，制定更为弹性和多元的规则。

（2）通过协议完善流动机制，实施数据分级管理

从国际合作角度看，在数据跨境流动的双边合作机制引导下，未来国家和地区的监管机构间将达成数据保护充分性认定，数据跨境流动的多边合作机制也将更加完善，多边贸易谈判中也将引入更多数据跨境自由流动条款。

首先，政治因素对数据跨境流动规则的影响将逐渐增大，保护"国家安全"将成为规则制定的核心。其次，数字经济产业竞争实力将进一步影响各国数据跨境流动政策的选择，所以建设数字经济开发区、构建并进一步完善数字经济建设并使之成为核心竞争力尤为重要。再次，个人数据和重要敏感数据跨境流动规制应采取不同的监管机制、采用分级监管的办法。例如，欧盟对重要敏感数据采取一般性机制、分级分类审查出境的监管模式，方便对其进行更高效的管理。最后，国家间扩张性的数据主权战略加剧了管辖权冲突以及立法和监管权的本地与互联网全球性冲突，但随着各国法律和规则的完善和趋近，各国法律适用条件也在不断靠拢，这将使管辖冲突给跨境服务企业带来的冲突问题得以适当解决。国家间应该在以本国为主的前提下互相信任，以减少对数据流动的壁垒，实现有序的数据跨境流动。

（三）电子签名与认证

1.电子签名与认证的未来趋势

确立合同、签名、认证的电子化法律效力以及实现无纸化贸易，是各

国电子签名立法的目的。当交易行为从传统的线下方式转移到线上进行时，原有法律已不能有效约束相应的书面合同、签字盖章等行为，并且由于时间、空间的差异限制了交易的便利性。因此，加快电子商务和电子签名及认证的立法，可以及时弥补法律规定空缺、相关法律和现实需求的差距。每个国家的电子签名立法都有自己的优势和不足，各国也在紧跟电子商务的发展，不断完善相关法律法规，为电子商务的发展提供保障，以期抢占先机。

2020年新冠疫情的暴发加速了电子签名全场景化的实现，无接触化社会催生的在线办公、在线医疗、在线教育以及在线金融业务等新领域，已成为后疫情时代的新常态。电子签名与认证面临更多市场需求，电子签名行业的市场意识逐渐建立起来。电子签名与认证在立法方面、技术应用以及行业市场的未来趋势体现在以下几个方面。

（1）各国电子签名立法趋同趋势

各国电子签名立法趋同趋势主要体现在立法思想、立法技术、法律语言方面。在立法思想上，各国趋向于采取技术中立原则，即政府确立符合技术标准的电子签名的法律效力，而不限定具体采用何种技术；对认证机构管理趋向于行业自律；不断完善关于隐私保护和知识产权保护等方面的法律条款。在立法技术上，国际上基本形成了一套固定的立法模式，包含电子签名定义、一般规定、当事人的行为、服务方的行为、认证机构的管理以及跨国电子签名的互认等，不同国家根据自身情况再做调整，在细节方面不断完善，并且越来越注重建立国际通用的技术标准体系。在法律语言方面，各国相互借鉴，基本上都是使用相同的法律语言来描述同一事务。

（2）区块链技术在电子签名领域的应用

去中心化思想的代表——区块链技术是未来的发展趋势之一。区块链技术可以回溯、全程留痕、不可伪造与公开透明的属性符合电子签名的要求，为突破当前电子签名的技术局限提供了参考。随着区块链技术的发展和基础设施的完善，区块链将在数字商务、公证制度方面大展身手。区块链技术在电子签名领域的主要应用有以下几个方面。

①提供电子签名过程中的文档可信化服务。区块链技术可以将文档从创建到最终完成的每一个操作记录形成区块并连接起来,形成一个完整的文件操作链式结构,环环相扣,能够通过最末块回溯历史信息,具有唯一性、准确性和不可修改性,为信息追溯提供了有效保证。

②提供文档真伪鉴定服务。区块链强化了与文件验证核心相关的解决方案,具有完整性、可鉴定性和不可否认性。

③第三方电子签名服务。电子签名与企业的实际应用结合得越来越紧密,并且有向全行业、全规模客户扩散的趋势,第三方电子签名行业提供了包括保全公证、司法鉴定、数字存证、在线仲裁等与电子签名相关的法律服务,并迎来了行业发展的爆发期。第三方电子签名服务打造的全流程数字化办公及一体化线上交易,为企业解放了大量人力物力,大幅降低了运营成本,从而提高了工作效率。当前第三方电子签名市场正处在关键的市场发育期,且在B2B电商需求加深的影响下逐渐向个人用户渗透,同时,电子政务、租房、旅游平台的应用使行业认知度也在不断提高,并且加速走向大众化和普及化。

2.电子签名与认证提议

(1)电子签名立法应与国际电子商务、电子签名法律相适应协调

电子商务是建立在互联网基础上的全球性经济活动,随着国际贸易越来越频繁,脱离国际立法基础而存在的电子商务法律是不合理的,因此必须高度重视本国电子商务立法与国际电子商务立法的协调性。各国在今后建立健全电子商务与电子签名法律法规时,应与联合国《电子签名示范法》方向保持一致。我国在与国际接轨的同时也要发出"中国声音",在维护本国立场的同时为国际电子商务立法献计献策。

(2)加强对电子签名认证机构的管理并将其责任细化

电子认证是电子商务中的安全保障机制,电子签名认证机构的合理设置和责任确定是电子签名效力实现的关键。认证机构应是具有担保资格和能力的独立法律实体,能在法律规定的范围内承担相应的民事责任。

电子签名认证机构必须保持中立,保护交易双方的合法权益,做到真实可靠,公平公正。因此,电子认证机构不能以盈利为目的,而应作为一

种提供社会服务的公用事业机构，严格受政府的管控和监察，为电子商务提供公正、安全的交易环境，确保电子商务的健康发展。

（3）细化法律问题，拓展适用范围

以我国为例，《中华人民共和国电子签名法》是我国第一部电子商务领域的法律，很难涵盖电子商务的全部范畴，其虽具有普适性但对个别具体司法问题的解决会有困难，如管辖权、认证机构法律责任、技术更新、消费者隐私保护等问题，从而影响电子签名的法律效力。因此，各国需要不断细化电子签名及认证问题的解决办法，做到有法可依，进一步解决电子签名法与相关法律的配套问题，处理好与有业务交叉的其他法律的关系。

电子签名虽然起源并应用于电子商务领域，但对其他领域也有启示，尤其是在"互联网+"的发展趋势下，电子签名有无限可能。

（4）电子签名应发展成为商业基础设施

随着在线化政务、办公的发展，电子签名应成为整个商业底层的基础设施之一，同第三方电子支付一起，推动互联网商业活动的发展。作为商业基础设施，建立数据信任是电子签名行业亟待完成的任务。在加大力度提升商品技术能力的同时，企业应该注重创新和渠道融合，共同维护行业良性发展，构建透明公开的生态体系，从而提高电子签名与认证的市场接受度。

（四）关税

1. 关税的未来趋势

根据我国的经济发展情况及数字贸易发展水平，可以从短期、中期、长期三个阶段来看我国数字贸易关税问题的趋势。在短期内，继续对跨境电子商务实行暂时免征关税政策。目前我国还未建立完善的数字贸易关税相关法律法规，并且还尚不具备征收关税的技术和能力。我国数字贸易刚进入快速发展阶段，暂时采取零关税政策，有助于激发数字贸易产业的活力，推动其步入更高阶段。到数字贸易发展阶段的中期，可以采取适度保护的关税政策。随着中国经济水平的提高，在国际组织中也更有话语权，因为关税是发展中国家税收中的一个重要支撑，也是保护本国产业健康发展的有力工具，我国应基于自身利益，开始征收数字贸易关税。只有我国数字贸易发展到较高水平才可以实现永久性零关税。我国发展数字贸易具备巨大潜力，未来可以在国际市场中成为主导国家或占据较大市场份额，如果数字贸易产业具备了充分的国际竞争力，就可以实行免征关税政策，充分参与全球的数字贸易竞争。

2. 关税提议

（1）完善法律法规

数字贸易在我国起步较晚，目前专门针对数字贸易关税征收的法律法规还比较少，未来数字贸易进入快速发展期，将面对更多的新问题、新挑战，海关作为征收关税的主要国家行政机关，需要完善现行的关税法律法规，制定全面的关税征收政策。海关部门需要针对数字贸易各个模块（数字商品、数字化服务等）的特点，在现行的关税法律法规基础之上进行补充完善。首先，要明确数字贸易的内涵以及数字贸易的确认方式；其次，要确立纳税对象、征税对象、纳税时间、税率等项目；最后，要研究确定数字贸易的海关估价方法以及交易中各类凭证的效用。目前我国对跨境数字商品实行的是零关税政策，但是基于我国的利益，需要制定更合适的税收政策。我国现行法律法规中还没有规定数字商品的属性和征税方式，所以建立完善的数字商品征税政策迫在眉睫。

（2）加强关税征收监管

征收数字贸易关税，不仅需要海关部门单一部门的力量，而且需要相关部门的联动才能实现。在数字经济时代下，海关的征税及监管方式需要联合商务部门、税务部门、网络信息部门制定相关规则，协同进行管理。另外，目前国内不同等级的电商平台及金融支付机构数量多、交易量大，加大了税收监管难度。但是金融支付机构和电商平台借助大数据技术记录了每一笔交易行为的所有数据，海关可以和金融支付机构以及电商平台合作，借助平台的大数据信息，建立全面的监管模式。海关部门负责制定关税规则以及整个过程中的宏观管理，金融支付机构和电商平台负责利用大数据监管整个流程中出现的漏洞并及时报告,这样可以有效降低海关监管的难度。

（3）积极参与国际关税规则的制定

由于数字贸易不受地域、国家限制,其关税问题必然也是国际化的,单凭一个国家无法掌握跨国纳税人的所有情况,数字贸易关税问题必定要通过国际合作协同解决。首先,要积极参与WTO框架下的数字贸易关税相关议题的讨论,并发出"中国之声"。目前我国作为发展中国家,对国际谈判的参与还不够,不能及时维护自身的利益,以后要及时关注国际谈判中相关议题的谈判进程和谈判动向。其次,针对数字贸易关税问题,我国还应主动加入与其他国家的双边和多边谈判中。现在全球的双边和多边谈判大多数是由美国主导的,形成了WTO框架之外的新的经济格局。因此,我国应积极与其他国家就数字贸易关税问题进行合作,不仅与发达国家谈判,也要与发展中国家谈判,从而维护我国的外交话语权和关税主权。

（五）个人信息保护

1. 个人信息保护未来趋势

（1）注重互联网隐私保护

2018年5月,"史上最严数据保护法"欧盟《通用数据保护条例》(以下简称GDPR)正式实施,这部法律是目前覆盖范围最广的数据隐私保护法规,主要针对那些肆意滥用用户数据的公司,同时也将给予互联网用户更多的知情权。目前,在大部分的互联网服务中,用户都是"用隐私换方便",但过度收集隐私、隐私泄露事件频发,也使得越来越多的用户开始思考这种模式是否合理。GDPR的实施也推动了互联网个人信息保护的变革,随着互联网发展进入"深水区",用户数据安全思维觉醒,互联网隐私将是数字贸易中个人信息保护的趋势之一。

（2）消费者掌握个人数据主动权

目前,很多用户对自身个人信息的使用情况并不了解,由于数据掌握在相关服务提供商手中,用户处于数据使用的被动地位。在数字经济时代,数据无处不在，很多时候用户在使用某些服务时，都需要提供很多与该服务不相关的个人数据，如果不提供则不能正常使用服务，这种典型的"被自愿"，揭示了目前用户或消费者没有掌握数据使用主动权的状况。因此，未来的个人信息保护将提供个人对自身数据的主动权。

（3）数字货币中的个人信息保护成为热点

目前，很多国家或大型企业纷纷涉足数字货币，如2019年的虚拟货币"Libra"，2020年，中国央行也发布了自身的数字货币"DCEP"。数字货币的"去中心化"为隐私保护提供了支持，但其不符合金融领域的货币规则。数字经济时代下，技术对货币的影响达到历史中前所未有的状态，科技与金融领域的融合也为信息泄露提供了便利，如美国可以凭借强大的金融情报网络和支付结算体系，随时窃取跨国公司及客户的交易信息。当前，数字货币还处于探索阶段，现有发行的国家或组织都还没有对数字货币中的个人隐私问题进行具体规定。因此，对中国，甚至对世界而言，数字货币是数字经济时代的大势所趋，但如何保护数字货币使用者的个人信息将会是未来发展趋势之一。

（4）世界个人信息保护发展更加趋同

目前，各个国家或地区的个人信息保护标准还存在不统一，但技术和业务越来越无国界，很多产业链的设计和销售也是在全球范围内进行配置的。随着技术成熟度的提高、各个国家或地区数字贸易形式的不断明朗，趋同将会是个人信息保护的发展趋势。

2. 个人信息保护提议

（1）明确信息保护与合理使用的法律边界

目前互联网空间的信息保护已成为重点领域之一，网络服务运营商需要通过收集用户数据来提高商品的质量，并为用户提供更加个性化的服务。当下，政府已明确要求网络运营者在收集和使用个人信息前，需告知个人并征得其同意，但在实际活动中，"知情同意"原则被过度依赖，而这种合理、必要的原则目前也缺乏具体的衡量标准。因此，需要对互联网中的个人信息的使用和保护进行法律边界的划分。

（2）完善《中华人民共和国个人信息保护法》

现有对个人信息保护的相关法律法规在个人信息保护方面已经发挥了很大的作用，但大都属于"解决问题式"的惩戒规定，缺乏"源头杜绝式"的引导性法律，对解决个人信息泄露事件频发的互联网领域中的一些基础性问题或重难点问题成效偏低。因此，需要不断完善现有的个人信息保护法律来妥善处理个人信息保护与社会利益之间的不平衡问题。

（3）监管机制构建与监管职权的合理分配

目前，对个人信息保护的领导监管机制问题，缺乏对政府主管和行业分管的职权分配和协调配合，是未来个人信息保护监管方面的一个有待实践考察的问题。

（4）建立更加完善的数据泄露报告制度

目前，部分国家开始意识到数据泄露报告制度的重要性，但对企业来说，报告可能带来较高成本，并且数据泄露也会影响企业的声誉，这就倒逼着企业必须加强自身的信息保护能力。但目前，对于如何报告、报告的具体形式是什么，还没有一个统一的标准。所以，未来应逐步建立起一整套的数据泄露报告体系，界定可能的数据泄露形式，形成相应的报告渠道，并在不断实践中进行完善。

（六）计算设施的本地化

1. 计算设施本地化的未来趋势

美国是"计算设施本地化"条款的主要推动者，主要原因是美国大部分跨国公司使用的服务器都在美国境内。在数字贸易快速发展的情况下，计算设施本地化会导致企业成本增加并降低效率，但是随着"棱镜门"以及美国法院开具对谷歌邮件的搜查令等事件的发酵，各国开始意识到世界主要公司掌握的隐私数据都可能被侵犯。因此未来对该规则的研究会将重点转移到国家安全、个人信息保护等方面。

2. 计算设施本地化提议

关于计算设施本地化规则，中国的政策制定与未来提议应该关注以下方面：一是明确数据管理和计算设施本地化方面立法要求。由于我国尚未出台关于数据管理和计算设施本地化的专项立法，"数据本地化"制度仅仅作为"关键信息基础设施保护制定"的一部分体现在《中华人民共和国网络安全法》（以下简称《网络安全法》）中，这种立法方式未能突出制度的重要性，存在制度构建不健全的问题。二是提出相关方面的具体制度设计，防止不够细致的问题。我国《网络安全法》虽已经确立了"数据本地化"制度，但未对其他计算设施本地化要求做出明晰的规定。三是尊重各国主权，加大处罚力度。各国应该根据自己的实际情况制定处罚标准，我国确立的处罚力度明显不足，对制度的有效实施也会产生影响。

（七）源代码

1. 源代码未来趋势

在源代码方面，各国都没有明确赋予执法机构查看企业源代码的权力，根据美国、韩国、欧盟等国家或地区签署的数字贸易相关协定来看，也只有 TPP 做出了相关规定。目前源代码相关规则仍然有很大的不确定性，美国和欧盟等国家或地区认为源代码具有很高价值，源代码公开会对数字技术领先的国家不利。而数字技术不发达的国家如巴西等国则将提供相关技术源代码作为进入该国市场的条件，因此目前想在国际上制定普遍性的规则比较困难。

2. 源代码提议

关于源代码规则，各国之间的分歧目前比较大，中国的政策制定和未来提议应该关注以下方面：一是维护代码安全与数字安全，保护企业的知识产权，防止企业隐私受到侵害。源代码通常涉及互联网企业的核心机密与知识产权，如果被随意公开与查看将会严重威胁到企业的自身利益，所以应该在确保企业自身数字安全的基础上进行监管。二是尊重各国主权，各国应该结合自身情况制定相关源代码规则。目前国际上包括俄罗斯等国家出于保护国家安全、信息通信安全等目的要求企业公开源代码，而美国等则是强调知识产权的重要性，实行保护措施。同时有一些数字技术较为落后的国家如巴西等将源代码公开作为市场准入条件。所以源代码规则制定应该充分尊重各国主权，由各国依据自身情况提出自己的诉求。

（八）消费者保护

1. 消费者保护的未来趋势

消费者保护条款目前是各方争议较少的条款，各方签订的相关数字贸易协定都进行了较为统一且详尽的规定。消费者保护条款的未来趋势主要有以下几个方面：一是确保信息社会服务领域的消费者权益保护水平不低于传统商务领域水平；二是要求从事网络交易的网上企业对消费者利益给予必要的关注；三是要求经营者必须在网上公开与经营者本身以及交易的相关信息；四是给予通过网络形式进行交易的消费者一定的交易确认期；五是保障消费者网络支付安全。

2. 消费者保护提议

在消费者保护方面，各国签订的数字贸易协定都做出了较为完善的规定。中国的政策建议和未来提议应该关注以下方面：一是一致性原则，确保网络消费者和传统消费者拥有相同的权益；二是对各个网络服务企业提高要求，对相关信息做出一定披露，让消费者了解相关情况，以保护消费者权益；三是强调国际协作，随着数字贸易发展，跨国交易越来越多，要制定协作规则保障消费者权益免受侵害。

四、发展建议

（一）经济学视角下传统贸易到数字贸易的转变

从微观经济学的角度探寻传统贸易到数字贸易的转变，供给与需求是两个基本的研究视角。从供给角度来看，数字经济与数字贸易催生的商业模式创新有了新的含义，如基于互联网、智能AI的产品创新，无论是创新的方式还是创新的结果都较传统的产品创新发生了巨大的变化。因此，数字贸易时代的供给视角研究不能局限于过去的传统贸易视角，互联网、大数据与AI等新型技术的快速发展，给数字贸易时代的供给带来了新的特征。从需求角度来看，在数字经济与数字贸易时代，消费者与用户必将拥有更多的话语权。在传统贸易阶段，消费者和用户对商品的研发与创新参与度都较低，消费者与用户的体验也往往被企业忽视。随着大数据技术的飞速发展，消费者可以通过互联网进一步参与商品的创造与创新，用户的权重将不断增加，在市场中的影响力也逐步提高。由此来看，传统贸易时代下经济学对消费者偏好和消费者行为特征的界定将被打破与改变。从供给与需求的平衡来看，经济学中供给与需求的平衡点以及平衡的变动方向是学者所关注的重点。数字贸易时代下的供给与需求平衡分析仍然是分析与关注的重点，但是海量数据所带来的不确定性与随机特征将使得需求与平衡分析变得更加复杂。传统贸易时代的供给与需求平衡往往是明确的，变动方向往往是清晰的，但是数字贸易时代下的供给与需求平衡将会变得充满随机性与复杂性，因此总体的平衡往往被局部的平衡所替代。可以预见的是，随着数字贸易的快速发展，数字经济对国民经济的渗透力不断提高，随机性与复杂性的分析将渐渐成为微观经济学分析的重点。

在宏观经济学的研究框架下，凯恩斯理论的产生来自工业社会。在传统的贸易与经济理论中，货币增加被认为是经济增长与社会发展的关键，在这个过程中会不可避免地出现高成本与高浪费的情况。当传统贸易渐渐转变为数字贸易，传统的工业经济渐渐转变为数字经济，互联网、大数据、AI智能等前沿数字技术将与实体经济、虚拟经济进一步融合。在数字经济和数字贸易的时代下，数据量的增加将替代货币成为经济增长与社会发展的关键，并将在数据的基础上产生一系列更为高效的生产方式。在这个过程中，传统贸易中的资源配置机制将会被基于互联网、大数据等数字技术的新型资源配置机制所替代。随着数字贸易与经济的快速发展，在互联网、大数据、区块链等新型技术推动下，市场、政府和社会组成的三种资源配置机制也将进行不断的融合创新，重新改变经济增长的内在逻辑。

（二）数字贸易发展的建议

1. 政策支持

与传统贸易相比，作为一种贸易发展的新业态，数字贸易发展对传统贸易规则构成了重大挑战，对现有的监管体系形成了较大的冲击。因此，抓住数字贸易发展机遇，需要及时调整现有的监管体系，构建支撑数字贸易发展的政策体系，推动形成支持数字贸易发展的长效机制。

一方面应结合我国经济发展情况制定符合我国国情的数字贸易发展政策。在我国的经济发展过程中，中小企业是其中的关键部分，所以在制定的相应措施中要对中小企业体现出一定的支持力度。同时要根据数字贸易背景下不同的贸易模式提出针对性的举措，如区分跨境数字贸易和国内发展的数字贸易，并根据相应的情景制定不同的政策。

另一方面应优化数字贸易监管服务体系，完善政府支撑体系。积极利用现代信息技术构建适应数字贸易发展的高水平监管体系，继续深化改革，优化公共服务环境，着力降低数字贸易准入壁垒。同时设立数字贸易发展专项基金，加大对重点数字贸易相关企业的资金扶持力度。

2. 加强数字贸易基础设施建设

进一步加强数字基础设施建设。数字基础设施建设是构建国家数字贸易的基础，在战略上要进一步增强数字基础设施建设的重要性，逐步推进5G以及宽带网络在全国的普及并加速其应用。

降低数字基础设施行业的准入门槛。加大国有企业对数字基础设施的投入力度，同时也要降低门槛，让更多的民营企业以及中小企业参与进来，进一步提升国内的数字基础设施建设水平。

加快新技术的研发。目前，我国在5G网络方面已经做到了全球领先，但是我国仍然要对其他诸如大数据、区块链等新型技术的研发加大投入力度，加快促进研究成果从学界向业界的转化。

加强数字贸易发展的网络、通信基础设施建设。提升各行业、各领域的数字技术和互联网的渗透率，抓住中国在5G移动时代的发展优势，重点建设以千兆固网（F5G）为代表的第五代固网技术，以超高速的网络带宽为引领，赋能下游产业，促进经济转型，抢占数字经济发展的制高点。

（三）完善数字贸易相关立法

加强网络信息保护和信息公开。我国并没有针对消费者数据和用户隐私的相关专门立法，这就导致无法对消费者的个人信息以及数据提供相应的保护，使用户的隐私数据容易被窃取而用于商业目的，消费者的信息安全无法得到保障。同时我国的数据审查制度不够完善，也给数字贸易的发展带来了负面的影响。因此政府应该抓紧出台相关隐私数据保护法、互联网数据管理办法等法律法规来加强消费者隐私数据保护以及网络数据管理。

完善知识产权立法。我国的知识产权保护立法不够完善，相关处罚力度不够。随着互联网和大数据的快速发展，电影、书籍、音乐等网上侵权行为更加频繁。因此应该完善知识产权相关立法，严惩网络侵权行为。

完善"互联网+"融合领域相关立法。我国现有的相关金融立法如《中华人民共和国商业银行法》《中华人民共和国证券法》针对的都是传统的金融行业与相关业务。随着互联网的快速发展，互联网金融蓬勃兴起，现有的法律难以适应互联网金融的发展要求与环境。所以要完善"互联网+"相关立法，优化数字贸易的发展环境。

（四）参与数字贸易国际规则的制定

积极参加国际数字贸易协定的谈判，并发出"中国声音"。目前，世界范围内的关于数字贸易的规则主要体现在 TPP、TNP、TISA 三个自由贸易协定上。WTO 的多轮谈判并没有明显的进展，各国虽然对消费者保护、数字基础设施建设等规则目前达成了较为一致的共识，但是在源代码保护和跨境数据流动等规则方面分歧仍然较大。所以我国需要对各国的主张以及态度进行进一步的研究与探讨，明确各国的战略意图与诉求，在接下来的数字贸易协定谈判中提出自己的主张与要求，发出属于中国的"声音"。

推动创建公平竞争的国际数字贸易环境。当前全球数字贸易持续快速发展，但相关贸易规则并未做到与时俱进，中国要在逐步推进国内数字贸易规则体系建设的同时，全面了解其他各国的要求以及主张，通过中美、中欧等经贸谈判展开关于数字贸易规则的讨论，推进全球统一的数字贸易规则的构建，营造一个公平公正的数字贸易发展环境。

（五）加强对外合作

加强国际交流与合作，加快建设数字贸易全球合作共享中心。中国应立足国际视野，加强与美欧日等数字贸易发达经济体之间的联系，拓展数字贸易合作渠道，积极参与双边或多边数字贸易规则的制定。从我国数字贸易发展的比较优势入手，以共建"一带一路"沿线国家和地区为重点，推动数字贸易全球合作共享中心的建设。

推动区域化数字贸易规则体系建设。参考"欧盟模式"，在既有的区域合作组织内部如APEC、中国—东盟自由贸易区等推动建立区域化、小范围的数字贸易体系，将传统货物、服务贸易规则拓展至数字贸易领域，逐步统一区域内部数字贸易规则及产业技术标准，消除区域内数字贸易壁垒，提升区域内部数字贸易自由化水平。由点及面，充分利用区域数字贸易自由化、便利化带来的辐射作用，特别是在中国当前共建"一带一路"倡议背景下，将区域性的数字贸易逐步延伸、扩大至沿线更多的国家和地区，建立由中国主导的合作、共赢的区域化数字贸易规则体系，增加中国在全球数字贸易规则体系制定过程中的话语权。

（六）加强数字贸易人才培养

加强贸易领域数字化人才的培养。数字贸易主导的时代，要求我国加强贸易领域数字化人才的培养。从实际情况来看，目前尚缺乏既懂贸易又懂数字化的复合型专业人才。因此推动数字贸易发展，助推我国迈向全球价值链中高端，应多层面加强数字化人才队伍建设。

大力引进与培养数字贸易发展所需的高端人才。进一步完善人才引进政策，从资金配套、人才住房、子女就学等多方面给予高端人才全方位支持。

完善人才激励机制，将数字贸易领域相关的高层次人才纳入急需紧缺高层次人才引进计划，加快培养一批数字贸易领域学科带头人和高级管理人才。

改革数字型人才教育体系。将数字技术的应用融入各个教育阶段，优化人才培养方案，明确人才培养目标，构建新型理论课程体系，强化应用型实践环节，同时积极推动高等教育和数字技术领域的融合衔接，为中国增强国际数字贸易竞争力提供源源不断的创新型数字人才。同时在横向维度上，鼓励个人、高校、企业、科研机构进行数字技术创新，充分调动其参与数字技术创新、数字商品开发的积极性。在纵向维度上，打造上至政府下至企业的数字化体系，构建完善的"官产学研"一体化平台，确保科研成果向数字价值链的快速转化，完善中国数字技术创新体系，形成一套完整的数字产业链条，充分发挥中国在大数据、电子商务、云计算等领域的比较优势。

（七）培育数字贸易龙头企业

鼓励行业细分领域数字贸易企业发展。纵观我国目前状况，虽然中国互联网三巨头等大型网络企业已经跻身世界互联网企业前列，但是与其他国家相比，中国还缺少在数字贸易领域的龙头企业，因此在全球的数字贸易竞争中，中国缺乏话语权。所以，除了接着加强对百度、阿里巴巴、腾讯等已经有一定国际竞争力的互联网企业的支持，还需要培养一批行业细分领域的数字贸易企业，并使其发展壮大。

加强对数字贸易企业的财政投资。大力支持数字贸易相关企业的发展，对相关领军企业投资实行投资抵免，多方位加大对数字贸易的财政投入力度，培育一批竞争力强、创新能力突出的龙头企业；加强数字贸易金融服务创新，积极引导金融机构加大对数字贸易发展示范项目、重点项目的信贷投放力度，与此同时也应加大对中小贸易企业金融的支持力度，

（八）开展数字自由贸易区（产业园）建设

建设具有国际竞争力的数字贸易产业园。数字贸易属于知识型贸易，

因此其具有极强的集聚效应。从竞争性及成本角度来看，建设数字贸易产业园、缩短数字贸易产业链无疑是最有效的，由于数字贸易模式不再受到交通及地域等因素的限制，因此数字贸易产业园在选址方面更加灵活，可以将产业园建设在信息化技术较为发达与成熟的地区，进而实现数字贸易和传统贸易双发展模式。

建设国际数字贸易枢纽。在国内打造一批数字自由贸易区试点，基于现代数字技术，打造智慧网贸易，在发展传统贸易的同时着眼于未来交易方式，培育一批具有国际竞争力的数字创新网络企业，优化企业空间布局，形成数字产业链，发挥产业集聚效应，同时坚持企业"引进来""走出去"的发展战略，逐步提升中国在数字贸易领域的对外开放水平，把握机遇，着力建设国际数字贸易枢纽。

参考文献

[1]宋树理,李睿,冯利斐,刘璐.浙江省数字贸易发展的国际竞争力评估与提升[J].当代经济,2023,40(03):28-33.

[2]史本叶,齐瑞卿.数字贸易规则网络对数字服务出口的影响[J].世界经济研究,2023(03):3-16+134.

[3]高鹤,邬赛赛.数字贸易对国家产业结构升级的影响:基于"一带一路"沿线38国面板数据的实证分析[J].时代经贸,2023,20(02):86-90.

[4]葛飞秀,夏君宁.数字贸易背景下我国跨境电商发展路径优化研究[J].投资与合作,2023(02):63-65.

[5]王梦,支援.数字贸易发展如何促进产业结构优化升级:基于省级面板数据的实证研究[J/OL].经营与管理[2023-04-03].https://doi.org/10.16517/j.cnki.cn12-1034/f.20230217.011.

[6]李娟,王政元,赵金梅.中蒙俄经济走廊视阈下中俄数字贸易发展研究[J].北方经贸,2023(02):4-6.

[7]李业正.刍议数字贸易发展的经济效应与推进方略[J].商讯,2023(04):137-140.

[8]王亚飞,刘静,靳超.中国区域数字贸易发展水平的系统测度、演进态势及空间关联[J].调研世界,2023(02):13-22.

[9]张振举,李小想.数字贸易与流通业高质量发展的空间分布特征及耦合协调性分析[J].商业经济研究,2023(03):35-38.

[10]赵文霞,席艳玲,杨经国.数字产品贸易网络结构特征与合作态势研究[J].中国科技论坛,2023(02):146-158.

[11]王亚飞，刘静."双碳"目标下中国区域数字贸易的碳减排效应研究[J/OL].软科学[2023-03-27].http://kns.cnki.net/kcms/detail/51.1268.G3.20230203.1439.016.html.

[12]周彦霞，张志明，周艳平，林琳.数字服务贸易自由化与数字经济发展：理论与国际经验[J].经济问题探索，2023（02）：176-190.

[13]张凯，刘冬媛，于世海.数字贸易对出口技术复杂度的影响研究：基于金融发展有调节的中介效应模型检验[J].经济问题探索，2023（02）：144-159.

[14]温一村.全球数字贸易：现状及规则应对[J].竞争情报，2023，19（01）：46-53.

[15]韩民春，张霄.数字贸易赋能制造业出口产品升级：基于技术复杂度视角的研究[J].工业技术经济，2023，42（02）：106-114.

[16]候杰，宋正.俄罗斯数字贸易发展水平测度及影响因素分析[J].商业经济，2023（03）：85-89+137.

[17]刘方圆.RCEP背景下推进自贸区金义片区数字贸易发展的策略研究[J].商业经济，2023（03）：104-106+112.

[18]高新.数字贸易时代本科院校"跨境电子商务"课程设计研究[J].黑龙江教育（理论与实践），2023（01）：67-69.

[19]候杰，齐新鑫，张瑾.中国与中亚国家数字贸易竞争力及影响因素研究[J].中国科技资源导刊，2023，55（01）：73-81.

[20]黄璇.数字贸易规则的发展现状及中国对策[J].中国集体经济，2023（04）：21-25.